教师专业发展丛书 中学数学教师卷

中学数学教育科研

王凤春 著

华东师范大学出版社

目　录

绪论

一、数学教师专业发展的必由之路

教师专业发展是现代教育发展的要求和必然趋势,随着我国教育事业的发展和教师专业化进程加快,对数学教师的专业发展研究也日趋深入.从我国现阶段的教师发展实践来看,成为优秀教师是绝大多数教师的专业发展目标之一.优秀教师不仅会教学,而且会研究,善于反思,并且都取得了丰富的教学成果和教研成果.虽然他们成长的历程和途径各异,但都成为了"行家里手".

(一)精于教学的能手

优秀教师一定是精于教学的,通过不断的实践使自己的课堂教学受到学生欢迎,教学效果良好.反思是一名优秀教师成长的必要环节,是一种有益的思维活动,是教师成长的实践要求.只有善于反思,才能提高教学技艺.卓越的教学艺术、灵活的教学技巧、良好的教学效果是优秀教师追求的目标,而这种艺术、技巧和效果的形成,需要经历较长时间的磨炼,从点滴实践中增加量的积累.要能够体现自己的个性,做到驾驭课堂,机智灵活,风格独特,教有特色,效果突出,必须从基础做起.

1. 理解教材

能够独立对教材进行分析,吃透教材精神.教材分析是教师备课中一项重要的工作,是教师进行教学设计、编写教案、制订教学计划的基础,是备好课、上好课和达到预期教学目标的前提和关键,对于教师有效完成教学任务有很重要的奠基意义.那么,如何才能做好教材分析? 首先要明确数学课程标准要求,深入理解标准,理解标准所提出的课程总体目标和对各个教学内容提出的具体要求,进而领会教材的编写意图.例如,学习直线与圆锥曲线的位置关系,首先要掌握一元二次方程根与系数的关系,因此,教学设计要做好相关知识的复习准备;其次,要把握所教内容的知识结构、重难点,以便选择合适的教学方法和安排合理的教学时间.

2. 了解学生

教书育人,既要读懂书,又要读懂人.研究学生是教好书的前提,对于学生知之准、识之深,才能教到点子上.了解学生的核心就是树立正确的学生观:其一,学生虽然个性不同,但他们都有学习的基因,要相信学生能够学好.这就要求教师既能够从总体上把握学生的心理规律,又能了解具体学生的特殊规律,掌握学生的个性特质,在优秀教师眼里每个学生都有优点与不足.其二,不同阶段的学生具有与其经历相适应的社会经验,这就要求教师摸清学情,把握好学生的认知起点和可理解的问题情境.其三,教育必须以人为本,对于教育对象这个"人"的认识并非易事.既要看到学生的今天,更要想到他们的明天,为他们未来的生活和工作着想.

3. 选择方法

要把知识完美地传授给学生,需要有一个相应的沟通媒介,这就是科学的教学方法.不懂得传道有方、授业适时的教师,纵有满腹经纶,学富五车,也难以让学生达到解惑的境界.教法的全部内涵,就是能够应对自如地把教学内容与学生学习创造性地结合起来,教学方法是由教学内容、教学对象结合而来的;离开内容讲方法,方法是低效的;离开学生讲方法,方法是盲目的.此外,教法与学法关系密切,离开了学法谈教法,教法就悬空,对学生没有切实的指导意义.教法来自学法,教师选择教法,首先应该考虑学生怎么学,教师的教学,主要是教会学生怎么学、如何学得好.摆正学生与方法的关系,应选择适合学生特点的学习方法.

4. 掌握技能

教学技能包括许多方面:创造性备课的技能、启发和调动学生的技能、驾驭课堂的技能、管理学生学习的技能、与学生家长沟通交流的技能、解题技能、编选习题的技能、运用信息技术的技能等等,每一项技能的发挥都会直接影响教学效果.教学技能是否合适取决于对教学内容的处理是否得当,没有脱离学科的空洞技能.例如老生常谈的初高中教学衔接问题,之所以做得不好,一个很重要的原因就是,部分初中数学教师强调知识点的落实教学,没有考虑这些知识点将来在高中的发展,甚至对于中考要求较低的内容,采取弱化甚至虚化的处理方法.这些学生到了高中之后,如果高中教师对于初中教学实际不了解,就容易产生初高中教学脱节的现象.教师在选择具体的教学技能时,能够从学生的原有基础和将来发展两方面考虑,教学效果会持久显现出优势.

5. 形成特色

形成教学特色是一名教师成熟的标志,是一名教师知、情、意、行等心理素质在教学实践上的整体体现,是人格、学识、才能、理念的综合反映.教学特色是指教师在长期的教学实践中,形成的具有个性化特点的教学模式,是教师的经验凝结和独特的创造.它不只表现为明显优于一般教师的教学水平,更表现为凝聚在教师身上的一种精神品质.

(二)乐于研修的强手

大凡取得中学教师资格的数学教师,在学习了较多数学专业知识的同时,都学过教育学和心理学,都掌握了教育科学的基础知识和基本理论.但是,学科专业知识的要求不断变化,教育科学知识在不断地发展,各种理论不断涌现,这就需要及时地学习.优秀教师要在全部创造性教育和生活的过程中去使用、验证和丰富自己的教育学和心理学知识.

1. 学科专业知识研修

本学科专业知识是知识结构中的基础层次.主要包括数学学科知识、课程标准、数学教材、试题研究、学科方法论、学科课程资源的开发与利用等内容,它是教师胜任岗位工作的基本保证.教师应具有丰富的学科知识,它是教学活动的基础.

对中学数学教师来说,应精通中学阶段的全部数学内容,掌握与数学教学直接相关的高等数学知识,还应包括数学史知识、概率统计等应用数学知识、离散数学知识、分形几何知识、算法语言知识等.这些是中学数学教师应该了解并掌握的内容,它是中学数学教学必备的基础知识.固然,一名教师不能门门精通,但是,要在全面了解的基础上,精通其中一些内容.

2. 教育知识研修

教育知识是教师在从事教育教学过程中所具有的教育学、心理学知识,是与完成教学工作相关的教育科学知识.具备这些知识有利于教师认清各种复杂教育教学现象,不断增强工作的自觉性,有利于帮助教师对具体的学科专业知识进行教育学、心理学方面的思考和解释,以使学科知识通过教师重组转化为学生易于理解的知识,从而更加自如地进行创造性教育教学活动.

对于中学数学教师来说,教育知识是自身专业知识结构的重要组成部分,学生身心发展的知识、教与学的知识、教学评估等教育知识是教师在什么条件下和什么时候运用何种程度的学科专业知识的重要依据及前提条件.

3. 通识性知识研修

通识性知识主要指广博的科学文化知识,如自然科学知识、生活知识、文艺知识、美学知识、环境知识、历史知识,甚至文娱体育知识等.是指教师在本专业以外具有的学识水平和文化底蕴,主要由人文艺术知识、科学技术知识、社会阅历和生活经验、个人兴趣与爱好、艺术欣赏等构成.它是教师形成教育教学特色与风格的坚实基础.理科教师要重视提高人文素养,教师只有汲取了人类文明的丰富营养,才能厚积薄发.

对于通识性知识,教师应尽可能多懂些,知识面要尽可能宽些.数学教学中作为工具来应用的知识,如适应教育内容、教学手段和方法现代化的信息技术知识、网络知识、多媒体知识等,随着时代的发展,对教师的要求将越来越高,显得越来越重要.

4. 学科教学知识研修

学科教学知识指教师在教育教学活动中处理各种情景与问题的经验和智慧,这种经验和智慧既来自于自身实践的积累,又来自于间接的接受学习或者受他人经验和智慧的启发.它是教师有机组织起来的关于教学的程序、策略和方法,是关于决策、执行与控制的行动艺术,是由教师个人的经验和体验所丰富、补充、充实、支撑、建构起来的个性化知识,往往难以言传,如庖丁解牛,只能靠个人心灵的顿悟或渐悟,它是教师提升教育教学水平的生长点.

　　数学教师的专业知识是在教学实践中建立和完善的.每位教师都有不同于其他教师的实践,因此,学科教学知识有着很强的个性印记.例如,对于教育事件的处理,不同的教师会有不同的策略,而这些策略都是有效的,因为教师的实践具有很强的情境性,教师行为背后的原因具有多样性和复杂性.学科教学知识也有可以相互借鉴之处,如教学设计、教学分析、常规教学策略等都是有章可循,具有基本规范的.

（三）善于科研的高手

　　真正的优秀教师应该是一名研究者,把学来的东西内化为素养、外显为行动,达到学以致用.毋庸置疑,先进的教育思想与成功的教学技艺都是实践的产物.但是,并不是只要实践就有思想与艺术.只有把实践与研究结合起来,边实践边研究,在实践中研究,以研究带实践,积累经验,探索规律,把感性的经验上升为理性的规律,才有普遍的指导意义.

　　教育是育人的事业,必须以人为本,而人是世界上最复杂的万物之灵.教育的过程是师生共同成长的过程,是一种综合复杂的心理过程,有着深刻的内在规律.不研究规律,不掌握规律,就无法科学施教.教育要适应时代的需要,适应未来的需要,就必然要产生一系列的变革,出现许多前所未有的新情况、新特点、新问题、新动向.教师面临这些问题的挑战,要通过科研,提高认识、更新观念、揭示规律,寻找解决的方法.一名优秀教师在教学研究上从不吝惜自己的精力和功夫.

　　优秀教师成长的轨迹应有相应的成果体现.这就是说,创新研究必求其有成果.创新,既要耕耘,又要收获.只求耕耘,不问收获是空忙;不愿耕耘,只想收获是空想.研究者必须有成果意识,包括理论成果和实践成果.就理论成果来说,你的研究成果应揭示教育现象所蕴涵的规律或者从某一新的视角思考教育教学现象,成果必须适当传播,供大家借鉴和分享;就实践成果来说,你的研究成果必须可以操作,在实践中有好的教学效果,例如,提高了教学效率,或者增强了学生学习兴趣和信心,或者拓宽了学生的视野,或者提高了学生某些方面的能力.

　　优秀教师几十年呕心沥血,孜孜以求,进行大胆试验,积累并总结出既博采众长,又独具特色的教学经验.如果说优秀教师是一只鼎的话,那么教学、研修、科研则是鼎的三只足,它们相互作用,缺一不可,否则就立不直、站不稳.而撰写的成果只是三者达到一定高度时的自然呈现."教学"就是教好该教的内容,完成教师的基本职责,达到知其然."研修"就是研究和进修,即在学习中研究和修正自己的知识、理念和实践操作,实现提升自己的教育修养和专业能力."科研"就是在空中鸟瞰,居高临下,全面了解教学的内外部联系及其规律性,懂得应该"怎样教"、"怎样学",从而建立自己的、科学的、有独特个性的教学模式.只有到这个时候,教学才能从"必然"走向"自由",由"技术"变成"艺术",课堂教学才能达到真、善、美的统一.

二、本书的主要内容构成

为了促进教师专业发展,使得多数教师都成为"行家里手",华东师范大学出版社组织出版一套教师专业发展丛书,本书是其中的一本.

教师应具备的素养分为四个方面:第一,具有与时代精神相通的教育理念,并以此作为自己专业行为的基本理性支点,这些理念主要包括价值观、对象观、活动观等方面.第二,知识结构上,不再局限于"学科知识＋教育学知识"的传统模式,而是强调多层复合的结构特征.这包括最基础的有关当代科学和人文两方面的基本知识,以及工具性学科的扎实基础和熟练运用的技能技巧.另外还要具备一至两门学科的专业性知识与技能以及教育学科类知识.第三,当今社会赋予教师以更多的责任和权利,也提出更高的要求和期望,教师要胜任工作就需要有各方面的能力,包括理解他人和与他人交往的能力、管理能力和教育科研能力.第四,教育智慧.总之,对人类的热爱和博大的胸怀,对学生成长的关怀和敬业奉献的崇高精神,良好的文化素养,复合的知识结构,在富有时代精神和科学性的教育理念指导下的教育能力和研究能力,在实践中凝聚生成的教育智慧,这就是我们期望的教师的理想风采①.

① 王建军.学校转型中的教师发展[M].北京:教育科学出版社,2008:87.

　　2012 年年初,也是"十二五"的开局之时,教育部颁布了《中学教师专业标准》(以下简称《专业标准》).该标准把教师的能力提高到极高的高度来认识,在基本理念部分指出:把学科知识、教育理论与教育实践有机结合,突出教书育人实践能力;研究中学生,遵循中学生成长规律,提升教育教学专业化水平;坚持实践、反思、再实践、再反思,不断提高专业能力.这为中学教师包括中学数学教师的科研打开了广阔的空间.《专业标准》的基本内容要求教师:针对教育教学工作中的现实需要与问题,进行探索和研究.

　　在"实施建议"部分明确指出:各级教育行政部门要将《专业标准》作为中学教师队伍建设的基本依据.根据中学教育改革发展的需要,充分发挥《专业标准》的引领和导向作用,深化教师教育改革,建立教师教育质量保障体系,不断提高中学教师培养培训质量.制定中学教师准入标准,严把中学教师入口关;制定中学教师聘任(聘用)、考核、退出等管理制度,保障教师合法权益,形成科学有效的中学教师队伍管理和督导机制.

　　中学教师要将《专业标准》作为自身专业发展的基本依据.制定自我专业发展规划,爱岗敬业,增强专业发展自觉性;大胆开展教育教学实践,不断创新;积极进行自我评价,主动参加教师培训和自主研修,逐步提升专业发展水平.

　　《专业标准》对教师提出了统一而全面的要求,本书主要内容的选取考虑了对中学数学教师在符合《专业标准》的要求方面有促进作用的内容.

　　本册论述中学数学教育科研的主要内容和方法.中学数学教师的发展方向和社会期望的未来教师的理想素养,构成了中学数学教育科研的基本内容.

　　绪论的前半部分描述了对教师专业发展的一般认识,以下共分五章.

　　第一章介绍了教育科研的基本理念.第二章介绍了中学数学教育科研中常用的研究方法.第三章介绍如何撰写发表教学论文.第四章就课题研究的有关问题作了介绍,并附有中国教育学会中学数学教学专业委员会对"十二五"科研课题进行的分类,同时给出了细目.第五章分析了当前中学数学教育改革的热点问题及其今后研究的方向.

　　本册书重点突出中学数学教师教育科研的方法和过程,具有理论性、实践性和可操作性的特点,对于基层教育科研工作者有积极的指导意义.在撰写的过程中,力求做到:

第一,具有前瞻性.这是一本从理论层面论述中学数学教育科研的论著,站在世界课改及新课程理念的高度谈中学数学教育科研.

第二,实用性强.撰写过程中,将理论、方法与实践并重,循序渐进地介绍了中学数学教育科研的诸多问题,理论联系实际,操作性强.

第三,具有启发性.理论清晰易懂,例证生动可信,对问题困惑提供由模仿反思到内化的研究思路与方法.

第四,具有学科特征.虽然教育理念是共同的,某些研究方法是通用的,但就中学数学而言,又有很强的学科特点,因而,在新理念的指导下,突出本学科的教育科研思路和方法.

第五,内容新颖全面.书中注重教学实践中的行动研究,以及骨干师成长过程中的科研助推作用,体现新课程教学的新思想、新方法.案例选择适当,结构严谨,重点突出,观点鲜明,资料详实,论述清楚,针对性强.

本书既可作为中学数学教师专业发展用书,也可作为数学教育科研工作者的参考资料.但愿本书的出版能够有助于广大教师真正重视数学教育科研工作,把它列入自己的行动计划中,促进中学数学教育科研的深化和发展.

第一章

······

中学数学教育科研的理念

教育科研是探索教育教学规律、促进教育发展、提高教育教学质量的第一推动力.在新课程改革不断深入的形势下,一般的教学研究已不能适应时代发展的要求,只有运用科学的理论和方法,有意识、有目的、有计划地对教育领域中的现象和规律进行探索,才能真正解决教育教学工作中的实际问题.

第一节　中学数学教育科研概述

作为一种社会现象,教育能够得以持续向前发展,并且发展水平越来越高,源于广大教育工作者和一些理论研究者对教育发展的各个领域、不同时段进行不断探索和研究,总结出教育现象发展的规律,并在理论的指导下进行研究和开展教育教学工作,推动人类社会的不断前进.教育科研是教育得以发展和改革赖以成功的重要保证.

一、中学数学教育科研的概念

中学数学教育科研,是指以中学数学教育问题为对象,以科学方法为依托,以探索中学数学教育规律、指导中学数学教育实践为目的的创造性的认识活动.它是促进教育工作者不断提高自身素质,不断完善自己的理论体系,推动中学数学教育教学工作向前发展的重要活动,具有极强的理论操作性和实践价值.

中学数学教育科研由三个基本要素组成,即中学数学客观事实、科研理论和方法技术,具有解释、预测和控制的功能.就中学数学教育科研的内容而言,包括中学数学教育事实和教育原理两大方面.事实是研究的材料,原理是研究的结果,也是用来指导研究的.不去搜集事实,就不能提出原理;不去探讨原理,事实就没有意义.可见,中学数学教育科学研究具有很强的目的性和计划性,其目的就是解决中学数学教育实践中的问题.

中学数学教育科学研究作为一种认识和实践活动,具有以下特征:

第一,中学数学教育科研是一种有目的有计划的科研活动,这同按上级规定的四平八稳的常规教育教学工作有所不同.有目的有计划就要有设想和超前意识,所以它是一种研究活动.

第二,中学数学教育科研是一种创新活动.它不能走别人走过的路,重复别人已做过的事,要解决前人未解决的问题.它最终提出的必然是新知识、新经验、新方法、新理论.

第三,中学数学教育科研要借助一定的理论和方法.既然要搞科研就要借助一定的理论来指导,扩大和加深对问题的认识,同时要选择恰当的科研方法.这种方法不能仅仅局限于实验法,还可以采取观察法、调查法、总结法、个案法等.

第四,中学数学教育科研是一种探索规律的活动,它要求研究者对教育教学现象的研究结果,达到规律性和本质性的认识,其研究成果有普遍推广价值和指导作用.

教研与科研是两个不同的概念.教研工作是在了解学生现状、钻研教材和研究人才培养总体目标基础上,去研究和优化教学方法与手段.它的主要特点是筛选已有经验,用于完成教育任务.而科研工作则是用科学的方法探索教育的客观规律.其特点是在面临现有对策的前提下,探索解决新问题的方法或从已有经验中以科学的方法寻找尚未清楚认识的规律或探索其他领域的新方法、新技术在教育中的应用.科研成果比教研成果更具开拓创新性,更具有价值;教研比科研层次低,进行起来则较之科研省时、省力,易于被教师接受;教研是基础,科研是指导,二者密不可分.

中学数学教育科研的内容主要是基础理论性研究、应用性研究、开发性研究.基础理论性研究就是对教育的基本规律和原理的研究,具有相对的抽象性.

它包括纯粹理论性研究和经验性理论研究. 应用性研究就是运用教育基本规律和原理解决现实问题,具有较强的实践性. 开发性研究是如何将研究的成果与经验加以推广和普及的研究. 它的目的是把研究的成果应用到中学数学教育教学实践中,以解决教学实际问题.

三类研究各自有不同的目的、性质、特点、地位和作用. 然而三者又是相互关联、互相渗透、相辅相成的,不能截然分开.

中学数学教育科研是为教育教学寻找新出路,提高广大中学数学教育工作者的专业水平、专业素养,提高教育水平的重要保障. 我国《教育法》指出,国家支持、鼓励和组织教育科学研究,推广教育科学成果,促进教育质量的提高.《中国教育改革发展纲要》也明确要求:"鼓励和支持学校、教师和教育工作者积极进行改革实验","每个教育工作者都应积极参与教育科研工作".

二、中学数学教育科研的目的和意义

教育科研是教育的第一生产力,是教育改革与发展的基础和先导. 教师作为教育实践最广泛的群体,应该成为教育科研的主力军. 然而,由于文化传统和教育现实的种种原因,许多教师自觉不自觉地把自己排除在教育科研队伍之外,视教育科研为高不可攀,认为这只是专业研究人员和个别高水平教师的事情. 这种认识误区导致为数众多的教师单纯依凭积累经验和加重学生负担的方式,年复一年地在较低层次上进行着重复的机械劳动,教学水平徘徊不前. 这是深化教育改革和实施素质教育的一大障碍.

一个教师,能否把自己的工作当作研究的对象,自觉地、不断地开展教育科研和教改实践,其教育的面貌和结果是大相径庭的. 教师开展教育科研,无论对提高教育质量和效益,还是对提高自己的教学水平、实现自己的人生价值和事业理想,都具有极为重要的意义.

(一)推动数学教学改革

教育科研为教育改革提供科学的依据和理论指导,教育改革与教育科学研究相结合是现代学校教育发展的重要途径. 教育改革最根本的就是要通过教育科学研究进行实验探讨,寻找规律指导教育实践.就中学数学教育而言,牵涉的问题和方面十分广泛,诸如教学内容及其编排顺序、数学化与情境化问题(直观与抽象、逻辑与具体等)、书本知识与数学应用、传承与创新、独立思考与合作交流等,所有这些问题的有效解决,都有赖于教育科研从理论与实践的结合上给予正确的回答和提出有效的解决措施.

现在世界各国都把教育科研纳入教育发展和改革的重要议事日程,形成了不断改革与创新的局面.因此,大力开展教育科研活动是为建设有中国特色社会主义教育体系提供科学依据的源泉,是引导教育改革与实践深化的动力,我们必须对此高度重视.

(二)提高数学教学质量

教学是教育的主要组成部分,提高教学质量是教育的永恒主题,是教师义不容辞的责任.要提高教学质量涉及方方面面的问题,其中一个重要的问题是如何依靠科学研究的引导."实践的开拓需要理论的开拓",教师从事教育科研,探索教学规律,能使教育教学实践经验得到理性的升华,获得科研成果,并把这种成果运用到教学中去,促进教学水平的提高.教学工作的一个显著特点在于它的动态性,这是一个不断变化的过程.这是因为教育与社会发展有着互动的关系,社会进步不断赋予教育新的含义和功能.同时教育科研的深入,又使人们对教育本质和规律的认识不断拓展和深化.随着教学观念和教学理论的更新,对教学实践也相应提出新的要求.例如,人们在教学方法上形成的共识是"教学有法,教无定法,贵在得法".这表明教育教学活动是一个动态过程,教育教学固然有其可遵循的基本规律和原则,但它却不是恒定不变的.即使以往行之有效的某些教学方法,在今天变化了的形势下,其有效性也不一定能够续存.别的不说,仅就教学法而言,教师要达到"贵在得法"的境地,尚且需要不断地加以探索、研究和优选教学方法,更何况教学工作并非是一个教学方法的问题.如果不去从科研中找出路,单凭热情和增加时间、精力、条件等投入,依靠加重师生的负担去要"质量",就会事倍功半,处处碰壁.由此可见,教育科研对于提高教学质量具有极其重要的意义.今天,教育面临着深刻变革的形势,社会不断地给教育教学工作增添新的任务,提出新的课题和要求,所以我们要与时俱进,勇于接受挑战,自觉地进行教育科学研究,有意识地运用最新的教育理论指导自己的教育教学实践,并善于思考和分析其中存在的问题,采取有效的措施加以改进.

(三) 促进教师专业发展

教育研究的能力,实际上就是治学的能力,是创造的能力.从研究的客体来说,教育科研的能力,主要是指研究学生和教育实践的能力.它是一名教师所不可或缺的,它既是自身发展的需要,也是培养学生创造能力的需要.教育科学研究是教师成长的摇篮,是一般教师走向优秀教师的阶梯;会不会科研、搞不搞科研是"教书匠"与"教育家"的分水岭.时代、社会、学生和家长对教育的要求不断提高,教师要适应和满足这样的要求,就必须更新教育理念,改进教学方法,提高教育水平.这就要研究、发现与掌握教育规律,并将之用到教育的具体实践中去.一成不变地对待教育理论和教育实践是无所作为的表现,也是甘愿落伍、缺乏责任心的表现.更何况,新的课程标准要求教学是自主性和探究性的.教师自己不搞研究,自身素质不提高,没有创造能力,就难以执行新的课程标准,难以提高学生的素质,难以培养学生的创造能力.

(四) 树立教育科研意识

教育科研意识是对中学教育活动的有意识的追求和探索,是运用教育科学理论指导教育活动的自觉行为,是对所从事的教育活动的一种清晰而完整的认识.怎样才能适应中学数学教育工作的新需要,更科学和更合理地教好书、育好人? 对这个问题的不断追求和探索的过程,也是教师不断成长的过程.

教师参加教育科研,就是依据新的教育期望目标,对教育现状进行改革,以求得更好的教育质量和效果.教育改革的实践可以激发教师教书育人的责任感、使命感,完善和强化其职业生命力,促使教师改进教育思想和工作作风,克服各种困难和挫折,培养坚强的意志和毅力,树立起为事业理想而不懈追求的精神.许多优秀教师的成长轨迹充分证明了这一点.成就事业的强烈愿望和探索实践,会使一位平凡的教师重新发现教育工作的意义和自身的价值,从而激励他奋发向上.教师将从自己的创造性劳动中体会到,教师职业不仅仅是"照亮别人,毁灭自己的蜡烛",而且可以在燃烧自己的同时,使自己的生命也发出光

彩. 创造欲望的不断激发、满足、再激发,会激励教师去努力登攀一个又一个的
科学高峰,使人生的价值得到最充分的实现.

(五)开拓数学教学原理

开展教育科学研究能够揭示数学教育的基本原理和特有规律,把隐藏在大
量实践经验背后的因果线索理清楚,并上升为理论,从而丰富我国教育科学理
论宝库,促进教育科学发展. 人们对教育规律、特点的认识,离不开教育研究,教
育科研成果的积累丰富和发展了教育科学. 人们通过教育科学研究将实践经验
和感性认识上升为理性认识,总结出规律和理论,反过来指导教育实践,再通过
实践和教育研究进一步发展和丰富教育理论. 教育科学理论的形成离不开教育
科学研究. 教育科学研究使教育科学本身获得了丰富和发展.

三、我国基础教育科研的演变

随着素质教育的提出,特别是新一轮课程改革的强力推进和校本教研、行
动研究的倡导,中国基础教育在理论研究和实践上,一方面正在向着与国际接
轨的方向发展,另一方面本土化的研究也正在兴起,基础教育科研队伍也随之
壮大,基本具备了系统提升和建立中国基础教育理论体系的现实条件. 如何吸
取历史上教育科研的经验教训,把握下一步中国基础教育科研的走向,不仅关
系到广大教师、专职教研人员开展科研活动的成效,更关系到基础教育改革的
深化和本土教育理论体系的形成.

(一)我国基础教育科研的历史沿革

新中国成立以来,我国教育经历了一段曲折的历程,教育科学研究也走过
了一段迂回曲折的道路. 从新中国成立到现在,我国教育科学研究大致经历了
五个时期:

从新中国成立初到 1956 年,这是第一个时期. 这段时期的特点是:以老解
放区的教育经验为基础,学习和移植苏联的教育经验,教育观念有较大的更新,
从理论到实践冲击了半封建半殖民地的教育体系. 但这个时期有生搬硬套前苏

联教育经验的倾向,对世界其他国家的教育的可取之处很少注意,也没有认真研究我国教育的历史遗产.

从 1957 年后半年至 1960 年实行"调整、巩固、充实、提高"八字方针前,是第二个时期.这段时期的特点是:比较重视教育与生产劳动相结合的研究,强调要建立新的教育科学体系;但受"大跃进"思想的影响,劳动代替了教育,办学和教育科研都有浮夸之风;对一些老专家的作用估计不正确.结果教育科研的成果片面性较大,又多为一般性经验总结,建立新的教育科学体系也无从实现.

1961～1964 年(主要是贯彻"八字方针"阶段)是第三个时期.其特点是:注意总结建国以来教育研究的正反经验;浮夸之风得到了一定程度的纠正;注意古为今用,洋为中用;开展了多方面的研究,如新学制的试验,拔尖人才培养的试验,教材教法的研究等;这个时期还总结出几种学校工作条例试行草案,并结合我国实际写出了几套质量较好的教育学科教材;一些专门的教育科研机构也在这个时期开始建立……但这个时期仍有不少"左"的干扰,教育科学研究遇到了许多阻碍.

"文化大革命"阶段是第四个时期.这个时期的特点是:否定一切,不讲科学,整个教育工作和教育科研都遭到严重摧残;研究活动全部停顿,研究机构也基本解体.

第五个时期是拨乱反正,重视按科学规律办教育的时期.这个时期从 1978 年底开始,现在还在继续.自从全国开展了实践是检验真理的唯一标准的讨论,各个领域均大为受益.这个时期教育研究的特点是:按客观规律办事的观点显著加强;进行社会主义建设"科技是关键,教育是基础","离开教育科学的指导,教育工作就会陷入盲目性,甚至会出现重大失误"等指导思想,逐步为人们所认识和接受,教育科研被提上了教育工作的重要日程.1979 年和 1983 年先后召开了第一次和第二次全国教育科学规划会议,规划了全国的重大研究课题.此后各级各类的研究项目纷纷拟订,各种研究活动也广泛开展,被解体了的教育研究机构也得到了恢复和发展.

(二)我国基础教育科研的历史使命

教育的深入改革与发展,对教育科研工作提出了新的任务和要求.实践告诉我们,做到"课题研究、科研引领和理论提升并举"是更有效地发挥教育科研作用的有为之举.

1. 研究教育教学改革与发展中存在的现实问题

重视实际问题、重点问题,以及热点、难点问题的研究,这是教育科研工作对基层教育科研机构提出的明确要求.当前,我国经济、社会发展正处于一个关键的历史时期,反映在教育上是老问题与新问题交织存在.这些问题仅凭经验是难以解决的,迫切需要教育科研提供理论和实证支持.从根本上说,教育科学研究是一种应用研究,其根本任务就是要解决教育工作和教育实践中的现实问题.中小学必须把解决学校实际问题作为一切科研活动的根本出发点和归宿,作为检验科研行为的最终依据.只有研究并解决现实中存在的具体问题,教育科研工作才有意义.

注重对教育教学改革与发展中现实问题的研究,首要的是做到发扬优良教研风气,大力搞好调查研究,真正摸清教育教学中切实存在的重点、难点和热点问题.现实问题摸得准,研究的针对性才能强,也才能更好地为各级各类教育的改革与发展服务.领导决策主要是对现实工作的宏观与微观问题的决策,只有把现实问题研究透彻了,才更有利于领导的科学决策.

2. 探索教育教学规律

教育科研,既是一项工作研究,又是一项科学研究.工作研究偏重于直接经验的总结,采取的是一般工作方法;而作为科学研究,是在教育科学理论的指导下,采用科学的研究方法,在教学实践中探索教学规律,把直接经验概括上升到理性认识高度,然后再用以指导实践.理论提升要求我们从一堆经验和素材中找出规律性和前瞻性的东西,把其上升到理论的高度,然后再去指导新的实践.理论提升不允许有任何的理论假设和推测,必须在已有事实的基础上,通过实践研究,总结提炼出有理论价值的科学性的方法和规律.

第二节　教育科研的理论

所谓理论,就是有目的、有条理、有系统地反映某种立场、观点和方法的智力成果,即知识的系统化.从根本上说,一个人做研究、写文章,无论是有意识还是无意识,都离不开特定的理念和方法,离不开一定的知识基础.换句话说,总是有某一定型背景的.问题在于,有意识地应用理论,可以使思维和表达更清晰、更有条理,因而也更能达到研究的目的.个人的智慧总是有限的,每一项研究、每一篇文章,其实都是在他人基础上的进一步探索.因此,科研写作离不开对前人思想成果的学习和借鉴.然而在人类历史的长河中,古今中外的名家大师繁星点点,典籍卷帙浩如烟海.如何把握教师的科研写作与理论应用的关系? 如何看待教育研究领域中的一些常见理论? 本节将从教师科研写作面临的问题出发,探讨几个有关理论应用的问题,并重点介绍几种影响较大的哲学和心理学流派及其在教育研究中的应用.

一、教育科研与理论的关系

理论应用是教师科研写作的一个难点,历来存在着不同的看法和声音.有许多教师在理论学习和应用方面孜孜以求,并颇有收获和心得.但也有不少教师面对理论,或知难而退,或敬而远之,或不以为然,心态比较复杂.下面针对一些教师对理论应用的不同看法,简要分析科研写作与理论应用的关系.

(一)理论指导下的学术论文

写科研文章的基本目的是阐发观点、以理服人.写作时以一定的理论学说指导,或援引一些理论观点,可以使写作的思路连贯、论证有力,有助于增强文章的说服力.然而也有一些教师认为:"有些文章并不讲什么高深的理论,不也很有说服力,很受读者欢迎吗?";"真理总是朴素的","有话要好好说".这些观点具有一定的代表性,反映了不少教师对讲章式的理论文章的不满和排斥.怎样看待这个问题? 可从两个角度进行分析.

1. 应用理论与应用术语的区别

教育书刊中有一类被看作是没什么理论的文章,历来受许多读者的偏爱.这些文章可能既不引经据典,也不故作高深,又能够用大家熟悉的日常语言来揭示问题、阐述道理、启发思考.这样的文章当然是好文章,也不能说是"没理论"的文章.一般来说,一篇文章之所以有较强的逻辑关系,主要是作者理论思维的结果. 在这类文章中,作者可能没有用上专有的学术理论名词术语,但通过通俗的语言来表达,同样反映了某些理论的立场、观点和方法. 这是理论的通俗化应用.

2. 科研论文与随笔评论的区别

科研论文与随笔评论,两者的边界有时不太分明,不好区别,但还是有必要作一些分析说明. 上述"有理论"与"没理论"的文章,有"严肃"与"通俗"之别,但总体上说还属于"论文"的类别;但是还有一些随笔性质的文章,从文体特点上看,更适于归入杂文的范畴. 不少教育随笔或针砭时弊,或赞美现实,或评议一针见血,或描述真切感人,因而也广受读者欢迎. 科研论文与随笔评论的主要区别是:前者重在逻辑论证,后者兼及描述与抒情;前者强调对问题深入系统的研究,追求立论严谨和理论创新,而后者则注重有感而发,不拘形式,更看重与读者的思想和情感共鸣.

(二)论文的价值取向

根据以上的分析说明,一般意义上的论文写作,可以分为两种取向:一种是偏重通过严谨的学术语言来阐发某种理论观念的学术性取向;另一种是将高深的理论转化为日常的大众语言来表达的通俗化取向. 从应用的功能和范围看,前一类论文主要在学术研究领域内交流,可以说是写给少数教育专家及教师看的;后一类论文的传播范围则可以遍及理论与实践领域,读者对象可以是广大教师及所有对教育问题感兴趣的人,是写给多数人看的. 实际上可能有相当数量的文章介于两者之间,不宜截然区分. 但是无论采用什么样的语言表达方式,都需要作者具备一定的理论基础,根据交流沟通的目的,做到文从字顺、恰如其分. 所谓恰如其分,就是针对不同的交流对象和传达内容,采取不同的语言形式. 所以严肃也好,通俗也好,都是为表达内容服务的,都要顺其自然,不矫揉造作.

1. 专业性强的论文自有其深奥的价值

一门科学及其研究领域能够形成,具有特定的表达形式是必要条件. 不同的学科都有各自的专门用语,这样才能准确简练地表述本学科特有的问题和概念,学科的理论体系就是由专有名词术语构建起来的. 可以说,没有专有名词术语,就没有理论和研究. 在特定的研究领域内,专用术语实际上是一种通用语言,它不是妨碍研究而是便于专业研究者更好地表达和交流思想.在一定情况下,深奥不仅意味着简洁和准确,还意味着丰富和深刻.

2. 普及性论文也不宜刻意追求浅显

当然,绝大多数研究者不是名家大师,甚至也难得有发表几万字论文的机会.写出几千字的文章,并让多数人能看懂,是对一般作者的基本要求.如此说来,是否只要理论烂熟于心,笔下的名词术语越少越好? 其实未必.

语言是思维的外壳,语言的形式取决于思想表达的需要.通俗化的语言表达也需要以传达准确性的思想为基础,也就是要避免以文害意.在有些情况下,大众语言也能够适当地表达理论概念和学术观点;但在有些情境中则不能,比如写一篇应用某种理论的文章,你可以把"认知"叫做"认识",把"表征"称作"表示"或"代表",把"主体间性"解释为"师生交往"或"生生互动".在有些语境中,这样表达也无伤大雅.但是推而广之,如果在所有语境中把专有名词都用日常语汇来替代,必然会出现"翻译"错误的现象.就如在交往理论的语汇中,"主体间性"并不等于"师生交往"或"生生互动".所以,故作高深也好,刻意浅近也好,都是传达思想的障碍,都有误导读者的可能.因此,写给多数人看的文章也不宜一味排斥名词术语.

(三)"我要理论"与"要我理论"

大学生、研究生写论文,导师会要求有"理论框架";中小学教师提交课题研究报告,科研管理部门会要求说明"理论基础"或"理论意义";交流和发表论文,好像没有点学术性、理论性,领导、专家或编辑也不认可.诸如此类对于理论的要求,产生了正反两方面的影响.从积极方面来说,它反映了论文写作的一般规律和要求,强调了科研论文写作与其他写作形式上的基本区别.从消极方面来说,它使一部分研究者和作者产生了误解,似乎应用理论不是出于自身的研究需要,而是来自于某些外加的要求和标准,把理论应用当作是一种负担或装饰,从而进入了认识误区.这种认识误区在学校教育科研领域带有一定的普遍性,需要引起我们的重视.

误区之一是牵强附会.有一部分文章属于跟风写作,什么理论流行就用什么理论.这些文章借用几个时髦的名词术语来串联一些并不新鲜的观点,貌似有理论深度,实则牵强附会.前些年"三论"(系统论、控制论、信息论)流行,就引发了一大批用"三论"来解释和指导教改的文章.近几年和谐理论受到重视,又出现了不少"创建和谐的学校文化"、"和谐理论走进课堂"一类的文章.不能说以"三论"或"和谐理论"作为教育研究的理论基础有什么不妥,这些研究文章中有一部分确属于严肃的学术探讨,但也有相当部分是跟风之作,并不是出自研究本身的需要,只是一些时髦名词的堆砌而已.时过境迁,这类"知识创新"几乎没有留下什么有价值的学术遗产,却助长了一些研究者的浮躁心态.

误区之二是大而化之.有些文章选择的理论视角有一定意义,但常见的问题是大而化之、浅尝辄止,不利于对问题的深入认识.例如以"多元智能"和"建构主义"理论指导课程教学改革的文章不少,但大多停留在"多元"和"建构"的词义解释上,缺少深入而有效的研究.如讲"多元"就是要培养多种能力,而很少研究培养这些能力时怎样处理其相互关系和影响.讲"建构"就是注意生成性,很少注意不同建构模式的针对性和适用性.这类大而化之的理论应用,容易有其名而无其实,也就削弱了研究的理论和实践意义.

造成上述现象的原因,有认识问题也有能力问题,但首先需要解决的是认识问题.其实对于"我要理论"与"要我理论"的矛盾,最好的解决办法不是把二者对立起来.应用什么理论、怎样应用理论,基本的出发点必定是研究者自身思考和研究的需要;对于研究的种种外在的要求,我们可以看作是对研究者的提醒和对研究规范的强调,是让游戏能够在规则范围内顺利进行的一种保证.但如果忘记了自身需要这个根本,只是把精力放在迎合所谓的外部要求上,这样本末倒置,既不利于自身研究水平的提高,也可能导致与预期相反的外部评价.

受传统观念和现行科研评价体制的影响,我们面临的困境是:一方面是有些能写大文章的人不愿写小文章,另一方面是众多写不好小文章的人拼命追求大文章.由于平庸之作时有所见,所以有不少教师和作者把学术论文与假科学、伪科学视作一路.这种看法反映了部分现实;但如果一概而论,显然过于偏激,也不利于教育科研和教师教育的健康发展.事实也证明,依靠理论包装蒙混过关的人终究是走不远的.要想走得远,还是要回到科研和写作的正道上来,即从研究和解决问题的真实需要出发应用和构建理论.

最后说明一点,所谓真实需要,就是我们常说的要研究真问题而不是假问题.假问题的表现可能有多种形式,比较常见的一种就是理论的"自我证明".比如讨论一种教育现象,作者先提出一个陌生而抽象的概念,然后旁征博引地解说这种新提法的含义和意义,最后证明了这种"新概念"确实反映了上述教育现象或问题.然而读者在作者的引导下经过一圈概念旅行后,发现现象还是原来的现象,问题还是原来的问题,除了对作者的理论水平感到敬畏之外,自己对问题的了解和解决并没有超越原有的认识水平.在这里,问题并不在于写文章能不能进行纯理论的探讨,而在于这类"理论自证"本身在理论上并无创见,而借用他人的理论观点的目的又不在于解决实际问题,从而变成一种纯粹的思维游戏.如果说这种理论证明有积极意义的话,用教育史上"形式训练说"的观点看,它可能可以用作高等院校中培养研究生学术能力的思维训练,而对于中小学教师的科研写作来说,恐怕是弊多利少.

二、教育科研的哲学理论——人的全面发展理论

西方哲学起源的故事揭示了哲学的一个基本性质,哲学是一门关于人类怎样认识自己和认识世界的学问,但又是一种没有终极的"终极关怀".哲学探究的是人和世界万物的由来和归宿问题,这是人类无法彻底解决的难题,因而哲学是一种"无用之用".既然无用,为什么还要哲学呢? 因为虽然哲学不提供给我们认识世界和改造世界的工具和手段,但它却为制造、选择和使用工具指出了目标和思路,它使人们的思想和行为有了依靠和方向.在科学研究中可以高瞻远瞩,确保正确的研究路线,避免出现错误和走弯路.例如人们必须思考:为什么要有教育? 怎样进行教育? 什么是好的教育? 这就构成了教育理论的基本结构要素:"人性论"、"价值论"和"知识论".各种教育理论和教学方法,都可以在哲学理论中找到自己的思想源头.从哲学高度来观察具体学科的理论和方法,可以使我们更"智慧"地认识和解决问题.

人是教育的对象,人的问题是教育研究的核心问题.从哲学角度看,人的问题一方面包括了教育研究的基本概念和范畴,如教育目的、教育内容、教育过程、教育的方式方法等;另一方面又关系到对人的自身、人与社会、人与自然等各方面的认识,涉及生物学、心理学、社会学、历史学、人类学等各个学科领域.

因此,对人的问题的研究具有高度的统整性和包容性,是我们探究教育理论和实践问题的起点和归宿.

马克思关于人的全面发展学说,几十年来一直对我国教育理论的建构和教育实践的发展有着重大的影响,是教育研究领域最重要的理论基础之一. 马克思说过,"每个人的自由发展是一切人自由发展的条件"(《共产党宣言》),共产主义是"以每个人全面而自由的发展为基本原则的社会形式"(《资本论》). 马克思的这个论点表明了人的全面发展问题在马克思主义学说中的重要地位,也反映了马克思对教育与人的关系的基本认识.

(一)马克思的人的全面发展学说

从古希腊思想家到近代西方教育家,他们对人的全面发展问题的思考有一个共同的思想基础,那就是对人性的推崇.他们强调全面发展是人性的自然要求,人性的完善、和谐、优美是天赋的、前定的,因此也是合理的和必然的. 同时他们深信,人的天赋是生而平等的,差异是生活环境不同造成的;只要有良好的教育,就可以把儿童教育成全面发展的人. 与许多浪漫主义者和空想社会主义者不同的是,马克思的高明之处在于,他所看到的"人"不是抽象的人,而是现实的人;不是个体的人,而是社会的人. 马克思关于人的全面发展的论述,不是仅仅局限在哲学层面和人道层面. 而是从现实的社会入手,从资本主义社会的经济制度入手,对人的发展和解放的条件做了深入全面的分析. 马克思、恩格斯关于人的全面发展的论述很多,但散见于不同时期发表的著作之中,论述的侧重点和深度也有所不同. 因此理论界对于马克思人的全面发展学说的基本内涵也有不同的理解和认识. 一般认为,其学说包含了以下两方面的基本内容.

1. 人的全面发展的主体定位

从马克思的有关论述看,存在着从强调"一般人的本质的实现"到突出"个人的全面发展"的转化[①]. 马克思指出,个性的充分发展就是"一切天赋得到充分发展". 但是他并没有明确说过未来实现人的全面发展的具体内容. 一般认为,

---

① 高宁.关于马克思人的全面发展问题研究综述[J].党政干部学刊,2006,6.

人个性的全面发展,是指人的各方面的素质和潜能的普遍提高和充分发展,既包括体、智以及德、美、劳等几方面的均衡发展,又包括各方面的个性、兴趣、意志、气质等非智力因素的健全发展.

值得重视的是,马克思、恩格斯所说的人的发展不仅是全面的,也是自由的,是"每个人全面而自由的发展".即在未来的理想社会中,每一个个体的人能够完全按照自己的意愿自由地发展想要发展的能力和素质.全面发展与自由发展,二者互为条件和基础.一个人的能力需要有一定的全面性,才能有自由选择的条件;而只有自由发展,才能避免片面发展.因此,全面发展并不是平均发展,而是个体在多样选择基础上的自由发展.

2. 人的全面发展的途径和条件

马克思关于人的全面发展学说的一个核心理念,就是要把人从"对物的依赖性"中解放出来,把"物"的独立性真正地变成"人"的独立性即人自身的全面发展.在马克思的有关论述中,关于人的全面发展的条件有几个重要的观点和命题:(1)消灭私有制及旧分工;(2)自主劳动与闲暇时间;(3)教育与生产劳动结合.马克思曾经描述过一幅人的全面发展的理想图景:"在共产主义社会里,任何人都没有特定的活动范围,每个人都可以在任何部门内发展,社会调节着整个生产,因而使我有可能随我自己的心愿今天干这事,明天干那事,上午打猎,下午捕鱼,傍晚从事畜牧,晚饭后从事批判,但并不因此就使我成为一个猎人、渔夫、牧人或批判者."

(二)自由而全面发展的现实意义

马克思关于人的全面发展学说,对中国教育发展和研究影响巨大.不少研究者认为,人的全面发展学说是历史唯物主义和剩余价值学说两个伟大发现之外,马克思主义对人类社会发展的第三大贡献.近年来有学者提出,"人的自由而全面的发展"是马克思主义的最高命题[1],在理论界引起很大反响.

马克思提出人的全面发展学说,是基于社会发展阶段与人的发展关系而进行的深刻分析和科学论证.马克思提出的理想目标要到共产主义社会才能实

---

① 俞可平.《人的自由而全面的发展"是马克思主义的最高命题[J].理论动态,2004,5.

现,但是在现实社会,在社会主义初级阶段,我们应该如何创造条件,去接近和实现这个理想? 对此,马克思并没有作具体的阐述,从而也给我们留下广阔的理论思考和实践探索的空间. 总的说来,马克思的人的全面发展学说是我国教育改革与发展的基本指导思想,是制订国家教育方针政策的理论依据,也是观察和解决当前教育领域存在的问题的方法和策略. 当前的教育现实,还存在着许多不利于人的全面发展的现象和问题. 我们需要以马克思关于人的全面发展学说为指导,进一步认识基础教育改革和发展的方向、目标及途径.

1. 要进一步由精英教育向大众教育和全民教育转变. 在基础教育的发展方向和重点上,要面向全体学生,努力缩小和消灭地区、学校之间的差异,实现教育的均衡化发展.

2. 要大力促进中小学教育由应试教育向素质教育转变. 在教育内容和课程实施上,要促进学生在德、智、体、美及劳动技术教育等方面的全面发展,反对只重智育、片面追求升学率的应试教育.

3. 要促进学生的能力、特长、兴趣、爱好、志向等方面的个性发展. 在教学的内容、方法和评价方式上,坚持因材施教的教育原则,重视学生情感、态度和价值观的发展,尊重和发挥学生的自主性、能动性和创造性,鼓励和促进学生个性协调、和谐的发展.

4. 要充分认识教育与生产劳动相结合对于人的培养的重要意义. 要重视培养广大儿童青少年尊重劳动、热爱劳动和自食其力的观念,重视创新精神和实践能力的培养,大力开展劳动技术教育和社会实践活动.

5. 要积极推进学习型社会的建设,重视学校教育与家庭教育、社会教育的联系和结合. 要牢固树立终身教育和人的可持续发展的理念,让学生学会学习、学会生存. 基础教育要为学生的终身发展负责,最大限度地促进他们自由而全面的发展.

三、教育科研的心理学理论——建构主义

建构主义(constructivism)思潮自 20 世纪 80 年代末兴起,至今已成为当代西方学术研究的主流和显学,在我国也产生了相当大的影响. 建构主义(也可译

为结构主义)是一种哲学,也是一门心理学. 它的哲学基础可以追溯到 18 世纪的意大利哲学家维科(Giambattista Vico)及当代美国哲学家库恩(Thomas S. Kuhn). 其心理学基础则是由建构主义的创始人、瑞士心理学家皮亚杰所奠定的. 从总体上说,建构主义是一种关于学习和知识的认识论理论,是一门从个体知识发生的角度对知识生产和发生问题进行探究的学问.

(一)知识只能创造而不能发现

建构主义的一个基本理念是:知识是被创造的而非被发现的. 或者说,知识不是客观的东西,而是认识主体在经验客体的基础上主动建构起来的. 于是,这个观念与长期以来人们所熟悉的经验的、科学的、理性的认识观发生了很大的冲突.

例如,高斯、鲍耶和罗切夫斯基发现了非欧几何. 我们不说"发明"而说"发现",是因为我们认为非欧几何是一个客观存在,是早就存在于客观世界中的,只不过碰巧由这三位数学家找到了. 但是,建构主义认为,知识并不是客观存在的被人发现的东西,而是人在实践活动中面对新事物、新现象、新问题所做出的解释和假设而已. 非欧几何的理论并不是事先存在的,而是由三位数学家通过实践和认识活动而发明出来的,具有一定的相对性和暂定性. 尤其是随着科学技术的迅猛发展,人们对同一个事物、现象或问题,存在各种不同的看法,其实它们都不过是一种暂定性的解释、假设而已[1]. 就如在非欧几何之前,欧儿里得几何被看作是绝对的真理. 由于每个人的认知方式不同,构建的意义也各不相同,所以真理也只能是每个人心中的真理.

因此,维科认为,人类历史的进程是社会文化各个方面相互联系、相互作用的有机进程,"真理就是创造","真理即成事"[2]. 也就是说,所谓知识和真理并不是纯粹的客观存在,一个事物和关于这个事物的知识、真理是一起被创造出来的. 到 19 世纪末,杜威从经验哲学的理念出发,创办了芝加哥实验学校,强调了儿童通过社会生活的直接体验来学习知识的认识途径. 最终为建构主义奠定理

---

① 刘儒德. 建构主义:知识观、学习观、教育观[J]. 人民教育,2005,1.
② 段塔丽. 略论维科对近代西方哲学的贡献[J]. 宁夏社会科学,1998,4.

论基础的,则是皮亚杰提出的发生认识论.

皮亚杰之后,建构主义思潮风起云涌,流派纷呈.众多流派在主张知识建构的大前提下,根据对个人与社会在建构过程中重要性的不同理解,大体可以分为两大派.一派认为知识主要是认知个体建构的结果;另一派则更强调知识是社会性的建构."个人取向派"以皮亚杰理论为基础,主要有激进建构主义、信息加工建构主义等,他们更强调从个人角度研究人的认识和学习,重视对个人认知心理的研究."社会取向派"以前苏联心理学家维果茨基有关社会文化心理理论为基础,主要有社会建构主义、社会建构论和对待中介行为的社会文化观等.

从表面看,"个人取向派"和"社会取向派"是建构主义心理学的一体两面,各有所长,可以形成互补.因此,有的心理学家提出"用皮亚杰的观点来修订维果茨基的理论"或"为什么建构主义需要维果茨基理论".但实际上,二者之间还存在着一些深层次的矛盾.在皮亚杰的理论中,知识建构是从人与物质环境的互动开始到与他人的交流,语言产生于智力运算(并相互作用).而维果茨基理论中的知识建构是从人际交往开始到内心的转化,并强调语言在促进内化过程中的首要地位,其概念发展流程与皮亚杰理论是相反的.因此,两大理论是否能如愿整合起来,还有待于心理学家们的智慧和"建构".

(二)好的教学模式

按美国著名教育学者乔伊斯和韦尔的定义,"教学模式是构成课程、选择教材、指导在教室和其他环境中教学活动的一种计划或范型"[①].从教学模式的角度来考察教学活动,可以摆脱单纯的教学方式方法应用的局限性,而把教学活动与教学内容和教育目的联系起来考虑,从而达到对教学的更深刻的更本质意义的理解.乔伊斯和韦尔于1972年出版《教学模式》一书,把上百种中小学教学模式归纳提炼为二十三种共四大类,即信息加工模式、社会教学模式、个性教学模式和行为教学模式.其中与建构主义关系最为密切的就是信息加工模式或称认知模式,其中包括了概念获得、归纳思维、科学探究、先行组织者、认知发展等

---

① 杰尔·康弗里.教育中的建构主义[M].上海:华东师范大学出版社,2002:156—166.

常用教学模式.

　　上述分类的意义,在于促使教师不再把教学模式仅仅看作是教学技巧的运用,而是能够从有关的哲学和心理学背景上来更好地理解和运用它们.例如布鲁纳提出的"概念获得模式"和奥苏贝尔倡导的"先行组织者模式",如果从教学方法的角度看,它们获取知识的方式是完全不同的,前者是"指导——发现"模式,后者可以归入"传递——接受"模式.然而从教育目的的角度看,这两种模式都是致力于学生的认知发展的信息加工模式.比如在中国影响很大的布鲁姆的"掌握学习"模式,则被归类于"行为模式".所以说"当我们描述各种模式和讨论它们作用的时候,我们会发现选择恰当的模式是一项复杂的工作,依据不同目的,'好'的教学模式是多种多样的".

　　不同哲学和心理学理念转化为不同的教育目的,体现为不同的教学模式,而且在实践应用时也会受到学生、教师、教材等不同的教学变量的制约.按照乔伊斯的观点,教育的任务可以概括为三个方面:学生的个性发展、社会性发展和对学科知识技能的掌握.一般来说,一种教学模式如果是针对思维、情感等较高层次教学目标,往往需要学生有较强的直接兴趣和较多的相互交流,因而常常采用小组活动的教学方式,而对教师则在处理好组织引导与平等参与的关系上提出了较高的要求.如果是针对某些知识技能等较低层次目标的教学模式,往往比较注重师生的双边交往,教师比较容易控制.学生、教师和教材三个教学变量与不同理论背景下的教学模式的关系,可以用下图表示.

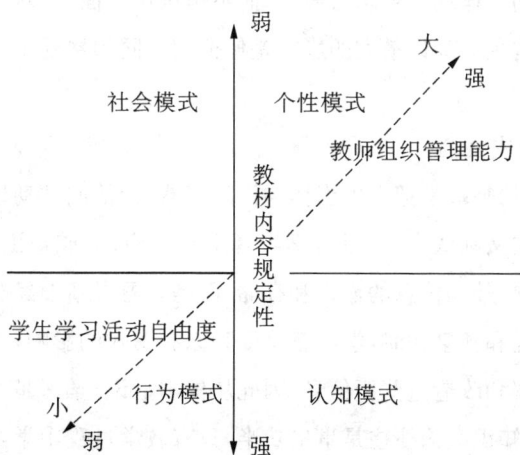

图中坐标的纵轴表示了教材内容规定性由强到弱的过程,这个过程实际上显示了教学过程由"教材中心"向"学生中心"的转化,基本上反映了四种模式对教学内容性质及教学目标设计的不同要求.图中的斜线反映了另一组变量,揭示了教学的组织形式由"严谨"到"松散"的变化过程.在这个过程中,学生学习活动的自由度与教师的组织管理能力是成正比的,也就是说,强调学生学习的自由度并不意味着教师对教学活动失去了控制,而是说明教师需要以一种顾问或辅导员的身份不露痕迹地介入教学过程.从教师的角度看,个性模式将比行为模式更为困难,而社会模式和认知模式则难度居中.因此,什么是"好"的教学模式或"有效"的教学,首先取决于特定理论背景下的教育目的,即你想要什么;其次是取决于为实现目的而提供的条件和能力,即你能做什么.教学的结果最终是理论与实践的平衡点.

(三)理念比操作更重要

建构主义在各个研究领域,特别是在人文社会科学的研究中,产生了广泛的影响.但是,从总体上说,建构主义并没有直接提出自己的教育主张和理论.皮亚杰的发生认识论详细描述了儿童心理发展的四个阶段(感知运动阶段、前运算阶段、具体运算阶段和形式运算阶段),但是并没有指出我们是否能够加速经历这些阶段,或者是怎样才能更顺利地经历这些阶段.虽然其后布鲁纳等人就教学问题作了较多的研究,但从应用角度看,教育研究领域对建构主义的引进和吸收,更多的是体现在观念层面上,而不是操作层面上.对许多中小学幼儿园教师来说,建构主义理论最大的影响是使他们认同和接受了一些重要的教学理念.

1. 学习是自主性的

灌输式教学的弊端是把学生当作知识的容器,让他们被动地接受教师所传授的知识.建构主义则认为,学习是学习者主动建构、生成知识的过程.知识的形成并不是简单的外部信息的输入和存储,而是学习者新旧经验交互作用的结果;在遇到新情况和新事物时,学习者将受到原有图式的影响,会用自己已有的知识去解释、理解和改造这些新信息.因此从根本上说,学习是一种自主性的行为.所以,单纯的知识灌输往往是事倍功半,只有教学过程中学习者的主动性和积极性得到充分发挥,才能收到良好的效果.对教师来说,在教学设计中就不能单纯考虑"如何教",而是要更多地考虑学生"如何学"的问题.比如要了解学生的学习基础,要注意新旧知识的联结,要给予学生独立思考的时间和机会等等.

2. 学习是情境性的

情境性是建构主义学习理论中一项重要内容,也是其所倡导的一种学习方式.建构主义认为,学习总是基于情境的,人不可能超越特定的社会文化背景来获得某种知识.在建构主义看来,教学过程中除了教师、学生、教材三个要素之外,还要把情境作为知识建构过程中的一个重要因素.因此,建构主义理念指导下的教学设计十分重视学习情境的设计,包括创设与教学主题相适应的教学环境、应用各种媒体手段呈现学习内容、提供更多的教学信息资源和组织各种形式的探索和交流等.心理学研究还表明,每个学习者建构知识的方式是不一样的,教学设计要有利于不同学习风格的学习者个体知识的形成.如何在学校教育中实施个别化的教学和指导,也是情境创设需要考虑的问题之一.

3. 学习是交互性的

按照建构主义的观点,学习一方面是个体自我建构的活动,另一方面又是一种社会性的建构.建构主义认为,知识是学习者个体基于自己的经验背景而建立起来的,由于个体经验的丰富性和差异性,个体之间的交流有助于知识建构的多元化和独特性.因此,建构主义提出了交往、对话、协商、合作、共同体等重要概念,强调了人际交往对于学习的重要意义和作用.一些教学方法的变革与流行,如小组学习、合作学习、对话式教学、协商式学习、工作坊等,便反映了上述理念的影响.

建构主义的思想理念,给传统的以教师为中心和以知识传授为主的教育模式一个很大的冲击,对许多国家的中小学教育改革也产生了很大的影响.但是,从欧美国家的教育实践看,建构主义的影响主要还是体现在活动课程领域中.我国的中小学课程教学改革如何更恰当、更有效地吸收借鉴建构主义的教育理念,也需要经过一个实践探索的过程.

四、教育科研的前沿理论——后现代主义

后现代主义(postmodernism)是发端于20世纪60年代的一种哲学和社会文

化思潮,在西方学术界和社会文化等领域产生了广泛而深刻的影响.其代表人物包括法国的德里达、利奥塔、福柯,德国的尼采、海德格尔,美国的罗蒂、吉诺斯等著名哲学家、思想家.后现代主义并不是一个具有统一理论基础的思想流派,被归之于"后现代"名下的理论之间也存在着多样性和矛盾分歧,是一种内涵丰富而又复杂的哲学思想和社会思潮.随着这一思潮被介绍到国内,引起我国学者的极大关注和强烈兴趣.由于后现代主义起源于对现代性的否定,它"志在向一切人类迄今为止所认为穷尽至极的东西进行挑战,志在摧毁传统封闭、简单、僵化的西方思维方式"[1].因此,它对于我们今天的教育科学研究方法也有着积极的影响.以下着重探讨后现代主义对我国教育科学研究方法的启发作用.

(一) 消解二元对立思维方式

对二元对立思维方式的消解有助于我们改变教育科学研究中的非此即彼模式.后现代主义对西方自启蒙运动以来以科学和理性为基础所形成的二元对立的世界观和思维方式进行了彻底的解构,它坚决反对现代哲学主张在思维与存在、现象与本质、理论与实践、主体与客体、事实与价值、经验与先验、一与多、真与假间建立起等级价值的观点.二元逻辑强调的是确定性,其基本规则是同一律($A = \overline{A}$)和矛盾律($A \neq \overline{A}$),它所坚持的是一种直接性期望的逻辑中心论,强调"单义性乃语言的本质,或更确切地说,是语言的目标".在后现代主义看来,建立在二元对立逻辑上的传统哲学所依赖的这种语言的单义性是不存在的.实际上,是没有一个固定不变的中心的,也没有一个终极的意义,因而也没有任何形式的固定僵死的结构,相反,它却为我们提供了多种意义的可能性.华勒斯坦在其所著《开放社会科学》一书中曾经指出:"我们相信,对于一个不确定的、复杂的世界,应当允许有多种不同的解释同时存在,这一点非常重要.只有通过多元化的普遍主义,才有可能把握我们现在和过去一直生活于其间的丰富的社会现实."[2]

受传统哲学二元对立思维模式的影响,长期以来,在我们的教育科学研究

---

① 王治河.论后现代主义的三种形态[J].国外社会科学,1995(1).
② 华勒斯坦.开放社会科学[M].北京:《读书·生活·新知》三联书店,1997:64

工作中也形成了一种非此即彼的思维方式,什么东西都想有统一的结论.其实这是很难的,也是没有必要的,更是不可取的.正是有差别才能有争鸣,才能推动教育科学的发展.由于这种研究思维方法的存在,严重影响了我国教育科学研究工作的开展,同时,也严重地阻碍了我国教育事业的发展和教育质量的提高.在教育科学研究中,缺乏大量的中间状态,也就是说,我们的教育研究缺乏多样性,缺乏丰富多彩.本来教育研究的对象是人,而人是世界上最复杂的存在,这就决定了教育研究的方法、教育研究的成果的多样性.可是,在二元对立的思维方式中,本来具有自我统一性的人,却被进行了二元划分——身体和心理、精神和物质等,这样做的结果是本来各具特征的、独一无二的数以亿计的各种各样的人被还原成一个机械的人.因此,这就使得我们对人的研究非常肤浅,进而直接影响着我们对人的教育.所以,我们应该吸收后现代主义的观点,即强调真理具有多重性,同一教育现象可能有不同的阐释方式.这就要求我们在教育研究中具有宽广的胸怀和宽容的精神,要能容纳一切规则、方案、标准,允许多样化研究方法和结论的存在.同时,要"向僵化凝固、缺乏想象力的理性主义教育研究方法告别,促进教育研究生气勃勃地自由发展"[1].

(二)批判理性至上

对理性至上的批判(强调非理性)有助于在教育科学研究中重视人的生命和价值.后现代主义对现代哲学的理性至上、理性权威进行了彻底的解构,这种解构表现在两个方面:一方面,对理性的权威性进行了发难.理性主义有一个不证自明的假定即人是理性的动物,理性是人的本质,理性具有至高无上的权威地位.如英国哲学家洛克说:"理性应是我们最高的法官,应当指导所有事物."[2]费希特也曾说:"人类尘世生活的目的即是依照理性的自由,把所有人类关系都安排得井井有条."[3]后现代主义认为,理性的这种权威地位是不合法的.尼采将之讥讽为幻影崇拜症;霍克海默称在理性的本质中包含着病态——在理性话语的核心中包含有一种暴力因素、极权主义因素、对现实的奴役和对机械论的捍

---

① 余凯,徐辉.后现代主义与当代教育思潮引论[J].比较教育研究,1997(6).
② 王治河.扑朔迷离的游戏[M].北京:社会科学文献出版社,1998:115—116.
③ 同上.

卫;福柯通过对疯狂史的研究认为,一部疯狂史就是人类以理性的名义对无理性的疯人进行血腥镇压的历史.另一方面,对理性的工具性进行了批判.后现代主义认为,理性主义思想家的错误在于把理性这种有限的和现成的方法夸大成唯一的、无限的方法.柏格森认为,传统哲学家全都犯了"一种根本性的错误,认定任何一种认识都必须从一些有固定界限的概念出发,才能用这些概念去把握流动的实在".①这种给定的和有限的方法是无法把握实在、把握事物的全貌的.

后现代主义把理性的权威推翻以后,将各种各样的非理性的东西推上前台,如尼采的"权力意志"、海德格尔的"思"、拉康的"欲望"、德里达的"本文"、列维那的"异"、福柯的"历史"等.他们主张应当允许采用任何方法,容纳一切思想,摆脱僵化的形式理性,要强化过程的思想、生成的思想、个人选择的思想,要将人类从传统方法论的奴役中解放出来,从而建立一个开放的、多元的方法群落.后现代主义的这一思想值得我们从事教育科学研究的工作者吸取.长期以来,我们研究教育的方法基本上都是理性主义的思维方式,从而对人的认识也是理性至上,把人作为一个无人性的存在去了解、认识和研究.而对人的非理性的一面,如人的情感、意志、价值、信仰等则很少注意,即使注意到,对它们的研究也是采取传统哲学的理性思维方式对知、情、意进行割裂的研究.其实知、情、意是统一于人身上的,脱离情和意的知(理性)是病态的知,把它们这样割裂开来进行研究所取得的结果是没有多大价值的.由于缺少了对人的非理性因素的关注,致使我们的教育研究失去了人文基础,失去了真实的生活根基,同时也使教育失去了它应当具有的人文关怀和人文意义.

在今后的教育科学研究中,我们应当在重视理性方法的同时,强调对人的非理性的认识,注重对人的非理性因素的研究,切实把人作为一个活生生的现实存在来对待.只有这样我们的教育科学研究才有价值,才有生命力,也才能真正有力地推动我国教育科学的发展,为提高教育质量服务.

(三)批判科学主义

对科学主义的批判有助于我们在教育科学研究中以人文学的视角思考教

---

① 王治河.扑朔迷离的游戏[M].北京:社会科学文献出版社,1998:115—116.

育的使命.西方自启蒙运动以来所产生的科学技术,使人类在征服自然、改造自
然方面取得了巨大的成就,也有力地推动了社会的发展.在辉煌成就面前,人们
对科学的态度逐渐从喜爱走向崇拜,以至于形成科学霸权,产生了科学主义.科
学主义的重要特征之一是把科学方法泛化,把科学的方法普遍地引向存在的各
个领域.在这种思想指导下,不仅仅是自然,人生也成为科学作用的对象.在文
化知识领域,科学往往被视为最可靠的知识形态,也被确定为最完善的范式,这
样就确立了科学霸权的地位."科学既是知识合理性的评判标准,又是知识合法
性的衡量尺度,唯有进入科学之域,知识才有合理性和合法性."[1]当科学的这种
权威渗入实践领域时,便被具体化为科学万能的信念.后现代主义思想家对此
提出了尖锐的批判,他们认为科学知识只是我们认识世界许多方式中的一种,
我们决不能以近代自然科学的知识和真理概念作为衡量其他知识的标准.汉
斯-格奥尔格·加达默尔在其所著《真理与方法》一书导言中指出:"本书探究的
出发点在于这样一种对抗,即在现代科学范围内抵制对科学方法的普遍要求.
因此本书所关注的是,在经验所及并且可以追问其合法性的一切地方,去探寻
那种超出科学方法论控制范围的对真理的经验."[2]后现代思想家大卫·格里芬
指出:"传统的观念认为,科学是追求真理的,只有真理才能给我们以真相.现
在,这种观念已经被某些领域相反的观念取而代之.新的观念认为,科学既不能
给我们真理,也不能探求真理."[3]后现代主义这些对科学主义及其方法论的批
判,对于我们研究教育问题具有积极的指导意义.在教育和教育科学研究工作
中,由于受科学主义思想和方法的影响,使机械论的观点渗入其中.例如,标准
化考试在人文学科的全面施行,对学生思想品德的评价采取量化的方法等所反
映的无不是科学主义的、机械论的倾向.这种教育研究的方法强调的只是人的
工具性,它包含着对人的主动性、创造性和人的价值的贬损,忽视了对人生命的
重视、价值的关怀和灵魂的关照,致使教育的功利化追求恶性膨胀,造成了人文
精神的遮蔽:学校中拜金主义泛滥,应试教育的幽灵吞噬了学生的兴趣、爱好和
特长的发展,家长对分数的片面追求造成学生在巨大的压力下去死记硬背一些

---

① 杨国荣.科学的形上之维[M].上海:上海人民出版社,1999:6.
② (德)汉斯-格奥尔格·加达默尔.真理与方法(上卷)[M].上海:上海译文出版社,1999:17—18.
③ (美)大卫·格里芬.后现代科学[M].北京:中央编译出版社,1995.

不理解的知识,各种考试把学生变成一架机器等等.这种教育科学研究方法无益于我们得出有价值的结论,也无助于我们认识教育的真谛,只能误导我们的教育走向歧途.在科学主义思想和方法受到广泛批判的今天,我们在教育研究中应自觉遏止科学主义思潮的泛滥,发扬马克思主义的人道主义精神,把人作为"目的"而不是"手段",一切从人出发,一切为了人,一切服务于人,真正确立起"人"在当代中国教育研究中的中心地位.只有这样才能认识教育的真谛,也才能真正理解教育的使命——引导学生正确认识人的价值、人的生命,理解生活的真正意义,形成学生的人文精神,培养学生对终极信仰的追求,养成学生的关爱情怀,使他们学会生活.

(四)解构权威话语

对权威话语的解构有助于我们进行话语创新,促进教育科学研究的发展.后现代主义是拒斥权威话语的,认为它桎梏了人们的思想,僵化了人们的思维,阻碍了后来各学科的发展.以德里达为旗手的解构主义志在颠覆西方的"逻各斯中心主义".他们认为从柏拉图的"理念"、笛卡尔的"我思"、斯宾诺莎的"实体"、黑格尔的"绝对精神"、胡塞尔的"先验自我"、分析哲学的"语言"和列维-斯特劳斯的"结构"无一不是逻各斯的变种.这些概念、权威话语成了统治、桎梏西方思想上千年的依据.德里达解构主义者通过对人们熟悉的权威话语的解构,对现代哲学、认识论观点的挑战,改变了我们对哲学基本问题的原有的、已成定势的认识,促使人们重新思考.

根据后现代主义者对权威话语解构的思想,在教育研究中我们必须消解权威话语的影响,因为"以往教育家的权力话语无时无刻不在影响着其后教育研究者的研究方向、研究方法和研究成果.我们的所谓创新和进步,极有可能就是无意识地重复那些为人们所接受且已根深蒂固的话语".为此,后现代主义者主张在教育研究中要进行话语创新,不断地用新的话语取代传统的、权威的话语,只有这样才能促进教育科学研究的顺利发展.根据"非中心化思想",后现代主义者希望教育科学研究工作者要关注微观层面上的教育细节,注意倾听处于边缘地带的声音,以便于开创教育研究的新领域,如对农村学生、学习困难学生和特殊学生的研究等.

　　虽然后现代主义在对待社会文化上解构、否定、批判多于建构,但是它确实给我们提供了一种全新的思维方法,让我们从另外一些角度去思考问题,这对于改进我们的教育科学研究方法大有益处.因此,我们应当批判地吸收其合理的一面,服务于我们的教育科学研究工作,提高教育科学研究的质量.

第三节　教育理论与实践分析

　　教育理论与实践的关系是一个老生常谈的问题.各类教育期刊关于教育理论与实践关系的研究成果不断出现,然而"其中新见不多,随意性甚大".而且,部分学者在探讨理论与实践的关系时,没有对理论和实践作出限定.因此,有必要对教育理论与实践分离的根源进行探讨.

一、教育理论的多元性

　　"理论"一词,本身就充满歧义.古希腊哲学认为,理论与实践是统一的,柏拉图将重行动、选择的实践科学与重知识、判断的理论科学统一于技艺."超越于一切专门技艺之上的价值性最高的技艺是生活技艺".生活技艺只有在实践中才能完成自身,理论与实践由此统而为一.亚里士多德曾以人类的认识能力为根据,认为"理论"的具体形态取决于它所从属的具体学科.分析教育哲学家奥康纳认为,理论这个词"充满歧义又模糊不清".限于篇幅,不便在此一一展开.

　　关于教育理论性质的反思,尤其是关于教育理论的科学性与规范性之间的争论在康德和赫尔巴特时代就已经开始了.对教育理论的性质存在多种理解:(1)单一性质论,其中一部分人如拉伊、桑戴克、奥康纳等认为教育理论只能是科学的,另外一部分人如乌申斯基、赫斯特、穆尔认为教育理论只能是实用的,还有一部分人认为教育理论只能是人文的,如狄尔泰、格巴与林肯;(2)双重性质论,如梅伊曼把教育理论分为用彻底的实证科学认识论标准加以规范的试验教育学和具有人文性和实用性的系统教育学,维尔曼和图尔干则认为教育理论分为科学教育理论和实践教育理论,洛赫纳将教育理论归为科学教育学和教育学说,他的教育学说实则为实践教育学;(3)三重性质说,如布雷芩卡以各种认识论为基础——科学的、价值的(哲学的)、规范的(实践的),把教育理论分为教育科学、教育哲学及实践教育学;(4)还有学者把教育理论归为"多种性质理论的统一体",如赫尔巴特主要把教育理论看成是科学理论与实践理论的综合. 我国学者唐莹从"描述(实然)—规范(应然)"的角度将教育理论归为六类,描述(实然)的教育理论包括科学教育理论、解释教育理论,规范(应然)的教育理论有技术教育理论、哲学教育理论、实践教育理论和个人教育理论. 实然教育理论的概念体现出描述性、经验性特征,应然教育理论的概念体现出规范性、纲领性、伦理性等特征.科学教育理论以经验性规律形成陈述为特征;解释教育理论以揭示、理解对象的意义为特征;技术教育理论以规范性的技术陈述为特征;哲学教育理论以评价性陈述以及道德、理想的规范性陈述为特征;实践教育理论以一般的行动的规范性陈述为特征. 因此,对于教育中各种层次的理论,其形成逻辑、语言逻辑都不一样,要分类对待.

	描述(应然)	规范(应然)		
一般	科学教育理论	技术教育理论(从科学教育理论中分化出来)	哲学教育理论	实践教育理论
个别	解释教育理论(对科学教育理论作出补充的另一种独立理论)			个人教育理论(属于实践者的另一种独立的实践教育理论)

所以说,笼统地提教育理论与实践的脱节是不符合逻辑的,因为理论是分层次的,各种理论的定位不同,研究对象不同,相应地表述方式也不同,对实践的指导也就各异,到底是哪一层次的教育理论与实践脱节,很多人似乎也没有这个概念.

为了简化问题,我们认为,教育理论可分为科学教育理论、价值教育理论、行动教育理论和解释教育理论. 在自然科学的学科构架中,较为明显地形成了基础理论学科、应用理论学科和工程技术学科,这些学科的分化和相互配套有力地促进了自然科学理论与实践的密切结合. 它们与实践的关系,最直接相关的是工程科学,它直接与生产实际的要求相吻合;其次是技术科学,它提供了工程科学的原理. 根据自然科学的构架和教育理论的类型,结合国内外教育学研究的成果,笔者将教育理论主要分为四类:一是科学教育理论,以教育事实为研究对象,回答用什么解释教育中一般"规律"的问题,属于事实判断,检验尺度是判断真伪,立论与检验方法是证明或证伪. 二是教育价值理论,解决"评价—规范"的问题,也就是回答教育应该"是什么"或者"应该做什么"的问题,这类理论为教育实践活动提供规范,属于价值判断. 检验尺度是有效性,立论与检验方法是辩护或批判. 三是行动教育理论,其研究对象是既存的教育事实的变革,探讨如何具体地规定特定现实背景下教育者的行动纲领. 解决规范问题,"行动"即"应该怎么办",称之为行动教育理论. 它为实践者制定行动纲领,检验尺度为对实践指导的有效性. 四是解释教育理论,是关注个别事件意义的经验性理论,以实践者的自我描述为基点,对个别情境的目的与手段存在的各种关系所内蕴意义的理解性陈述,这种理论是对具体情境中的实践者的独特的教育活动创造性诠释的结果.

二、教育理论与实践脱节的归因分析

教育理论与教育实践脱节现状既让研究者不满,也为实践者责难,且彼此有将问题归因于对方的倾向,诸如"教育理论无用论"、"教育实践无理性"等. 其深层的焦点在于教育理论或教育实践没有可供对方认知、反思、借鉴的资本和价值,即教育理论不具备"理论"应有的批判、反思、创新等思想魅力,反而随着思辨研究的垄断,教育思想却日趋干瘪;当教育实践不具备"实践"应有的革新、理想、个性等生命追求,教育改革成为"通病"时,教育问题却越积越深.

(一)科学教育理论与实践的分离

科学教育理论是依据教育规律的描述性陈述. 我们认为,科学教育理论与教育规律存在相关. 规律具有的客观"自在性",是被人发现出来的,客观规律在它们未被人发现的时候也是存在的. "从语言学和逻辑学的角度来看,规律是关于存在的普遍性的陈述和判断. "

　　规律这个术语在语义学上有两种不同的含义,一是指他们不依赖于人的认识而存在,在教育领域中,人类的教育行为和活动都是顺应和"符合"这个指称和含义的"规律";二是作为科学研究认识和探讨发现的结果而出现的"规律"在不同程度上不可避免地带有人的主观的烙印,只会接近于"绝对真理".因而,人们创造的教育理论有可能接近真理,但有可能包含错误的成分,甚至是谬论.

　　当代自然科学所揭示的规律对旧的规律观提出了挑战,旧的规律观具有极大的局限性.规律的发展经历了三个阶段:(1)原始人的偶然的和混沌的非决定论自然观指的是原始人对自然界发生的各种现象,不能作出科学的解释,所以用图腾、宗教等神秘方式加以解释;(2)决定论自然观是建立在经典力学的因果观之上的;(3)确定性混沌观是指非线性科学中既确定又随机的混沌状态,即表示既必然又偶然的状态.它是表达既有规又无规或既无规又有规的一种新的规律性,这种规律既确定又随机,既稳定又不稳定,围绕一个轴心运动,就像价格围绕价值波动一样,具有规律族性质.规律族有以下特点:①在共时态上,同一事物可能有不同性质的规律性;②在历时态上,同一事物可能有不同层次的规律.从规律的表现形式来看,自然规律更多地表现为动力学规律和非线性规律(确定性混沌),亦有部分统计性规律.教育现象属于文化现象,主要表现为确定性混沌现象、偶然现象,其规律表现为非线性规律(确定性混沌联系)、统计规律(偶然联系).其中非线性规律具有确定性与随机性、发展性与稳定性、普遍性与民族性等特征.

必然	确定性混沌	偶然
动力学规律	非线性规律	统计性规律

　　教育规律独有的性质决定了研究得出的"规律"适用范围小,正是因为科学教育理论来源于教育规律,科学教育理论不是放之四海而皆准的"真理",不仅具有一定的弹性,它还具有可错性的一面.科学教育理论与实践脱节是自然的,科学教育理论只揭示规律,不解决实际问题.因此科学教育理论不能直接用于

教育实践,而只能翻译、改造和引入到教育实践理论中去,用来共同作出与情况有关的各种决定是教育者判断的基础.因此,科学教育理论与实践存在一定的距离,与实践是脱节的.

(二)教育价值理论、规范教育理论以及解释理论与实践的分离

在这三类理论中,问题更为复杂,它涉及人的意志选择和政治、文化等背景.

首先,教育价值理论是解决"评价—规范"问题的,它只是有可能有目的地运用科学教育理论中的成果,得出含有价值取向的判断,为教育者、教育管理者提供科学教育理论所不能提供的规范及价值取向,为有关教育现象的某些类别的价值判断进行宣传和辩护,也为适合于教育目的和教育手段的理想与行为规范进行辩护.其主要任务是设定教育目的,为教育方法辩护.教育价值上的规范尽管建立在经验知识以及其内容的判断的基础上,通常情况下,逻辑的演绎、经验知识和人的意志"决定"在教育价值的辩护中均起着一定的作用,尤其是人的意志"决定"最终是规范制定的决定因素.韦恩伯格认为,规范内容的决定的确依赖于经验知识和信息,规范的辩护依据是关于社会情境的知识,规范的建立是一个在不同的可能性规定中作出选择的过程,解释被选择的可能性规定是一个认知的过程,并形成一个客观的框架,从制定规范的整个系统来看,最终的决定因素是人的意志.这样,不同的意志决定会导致不同的教育价值理论的产生,甚至是相反的理论.如道德评价在价值理论中最多,但关于道德评价的理论具有明显的相对性和变化性,甚至是不确定性.教育价值理论不具备明显的可操作性,只是一种价值导向,与实践存在较大的差距.

其次,行动教育理论依赖于有限的科学教育理论,并参照教育价值理论.行动教育理论是解决"规范—行动"问题的,但行动教育理论没有自然科学工程理论那么单纯,工程问题的解决主要靠人的智慧、理性和技术的运用结果,但教育这种社会工程,是理性与教条、理智与情感、技艺与道德糅合而成的复杂工程.行动教育理论首先要运用科学教育理论的成果,但是科学教育理论的成果是有弹性的,这对行动教育理论来说无疑打了一个大大的折扣,弹性化和不确定的科学教育理论,不同于自然科学中的基础理论(这些理论为技术科学和工程科

学提供了依据).教育领域中的科学理论与行动理论,不像自然科学里两类理论间那样有十分密切的"基础与应用"的关系,科学理论自身的特殊性无法为行动理论提供强有力的依据,即使假定某些科学教育理论正确,但它毕竟建立在不牢靠的规律性陈述上.行动教育理论除了在有限的程度上利用科学教育理论的成果外,还需参照教育价值理论的某些方面,如在目的论方面,直接从现行的世界观和道德规范中得出关于目的的建议;在职业动机方面,根据现行的世界观和道德规范,对教育者的动机施加政治性的影响.

　　行动教育理论的多样性和自主性,涉及对大量的社会现实的描述与判断以及现实的政治、经济、文化、道德等因素,影响着人们的行动判断及解决问题的能力.科学教育理论的规律性陈述不能直接转化为适用于具体情境中的具体行动规范.它需要理解特定的教育情境,在可供利用的科学教育理论的基础上,选择与特定情境中的教育行为有关的知识,并做出分析.出于某种特定社会情境下的实践需要,对现实的事实做出的选择和解释都不可避免地以某种特殊的观点(如价值观)为基础,这使得选择和解释事实更具随意性,而这种观点永远不是唯一可行或正确的,导致对情境的分析存在多种可能性.作为社会工程理论的行动理论并没有针对具体的教育实践,"而是在相对一般的意义上,为解决普遍的教育实践问题而提出的,对具体的实践来说,它只是一种参照与待选择的建议".行动教育理论的建立,只是提供规范和建议,其自身与各国当今社会的意识形态密切联系,依赖于对社会生活及独特教育情境的分析,带有一定的政治性、教条性、民族性和多样性,对待同一教育问题具有多种解决方案,正是行动教育理论的相对自主性,不是每一种方案对实践者都合适,这样形成的理论与真实的实践自然存在一定差距.如果某一规范教育理论适合某一特定的情境,它必然远离其他的情境,其指导意义也就相对有限.也就是说,行动教育理论必须和实践保持一定的距离,其适应性才较强.即使其中一种理论对一定范围内的实践者合适,这一行动教育理论也同每个教师、教育行政人员在具体时间、地点、条件下的实践存在或大或小的距离,有的可以共享,有的却极为个性化.即便是共享的行动教育理论也需要实践者的智慧进行创造性转换,灵活运用,需要对理论进行中介和个性化的转化,才能加以运用.因为个性化的行动教育理论,在不同的个体之间无法移用.

由此知道,行动教育理论与实践有一道天然的鸿沟,与实践存在一定的距离.

最后,解释教育理论是研究者对实践者的自我解释的再理解或再解释,它能培养实践者的反思意识,通过实践者的反思调节间接地指导实践,但解释教育理论所提供的"理解"存在着多种可能性,易受价值的左右,没有提出改变实践者行动的建议,显然这种理论贴近某一种实践,但却疏远了其他的实践,无法从根本上解决理论与实践分离的问题,只是为实践者提供了反思与参照的文本.

三、如何对待教育理论与实践的差距

对待教育理论与实践的差距,不能苛求从事教育实践的各类人员,唯有从以下两个方面来着手:一方面,理论研究人员自身主动来缩小这种差距,另一方面,各个层面的实践工作者承认这种差距,灵活对待各类教育理论.

(一)区分事实研究与规范研究

教育研究人员大致可分为"事实—规律"、"评价—规范"、"规范—行动"和"事实—解释"等类型.

"事实—规律"型.从事科学教育理论研究的人员以事实为依据,在对"是什么"的研究的基础上,考察教育现象,通过对事实的研究,揭示某种教育现象发生的原因与条件,分析原因与结果之间的内在联系,从事实中得出假设,该假设须接受事实的检验,也就是用教育事实加以证明或证伪,探讨教育现象背后的一般"规律",提供一般的理论.这需要教育刊物的主办单位和各类教育研究项目的管理单位鼓励有数据支持的经验性研究,没有相关的刊物和科研项目的配套扶持,教育研究人员是很难分流的.

"评价—规范"型.从事价值教育理论研究的人员根据本国的国情,结合时代的发展,参照国内外共同遵守的伦理道德价值信念,构建符合人与社会和谐发展、符合教育自身发展的价值教育理论.

"规范—行动"型.从事行动教育理论研究的人员,根据特定社会文化背景下的教育活动的特定方面,将那些科学的、有价值的结论,发展成指向教育行动的陈述体系;不仅要关注实践,以实践中的问题为导向,而且要与实践展开对话、进行沟通、达成理解,提炼、归纳有价值的行动教育理论,从而提升行动教育理论的水准.无论行动教育理论的研究者多么有创造性,所提炼的教育理论也只是具有相对的价值.由于教育规律的弹性和教育实践的情境性,行动教育理论与实践的鸿沟无论何时都会存在,对实践的指导也会具有局限性.正如扈中平教授所言,"教育理论不可不信,不可全信",即便是具有一定价值的行动教育理论,仍然需要实践者的智慧,在不同的实践中加以灵活运用.

"事实—解释"型.从事解释教育理论研究的人员采用质的研究方法等,对事实进行描述或说明,提供有关教育现象的调查、统计数据,形成解释人类行为及其意义的理论,为教育决策提供参考.另外,还要鼓励广大专家与实际工作者一起合作,从事行动研究.可以采取"合作模式"和"支持模式",前者的研究问题由专家和实际工作者一起协商提出,双方一起制定研究总体计划和具体方案,共同商定对研究结果的评价标准和方法;在后者,专家则作为咨询者帮助实际工作者形成理论假设,计划具体的行动,评价行动的过程和结果.

(二)宏观、中观、微观教育理论与实践分离的解决策略

教育理论与实践的关系比较复杂,要解决教育理论与实践分离的问题,需要从宏观、中观、微观三个层面加以考虑.

1. 宏观层面——国家、省级政府层面

教育政策与教育理论属于两种文化,加上教育实践,三者构成了三种文化.教育政策制定的主体与教育理论研究的主体并不是同一主体,安德森在《公共政策》一书中将政策制定分为官方和非官方两大类:官方的政策制定者是指那些具有合法权威的制定公共政策的人群,包括立法者、行政官员、行政管理人员和司法人员;非官方的政策制定者包括利益团体、政党和作为个人的公民.在此层面,需要三个系统(教育理论界、决策部门和实践中的群体,如管理人员和教师)的配合,制定科学合理的教育政策,引领实践.

教育实践⟷制定科学的教育政策⟷教育理论

科学的教育政策的制定需要依据、参照或参考甚至转化上述四种教育理论,这需要吸纳广大教育研究人员的成果,或者在政策制定过程中,邀请各类教育专家的参与,否则,科学的教育政策将无从谈起(见下图).

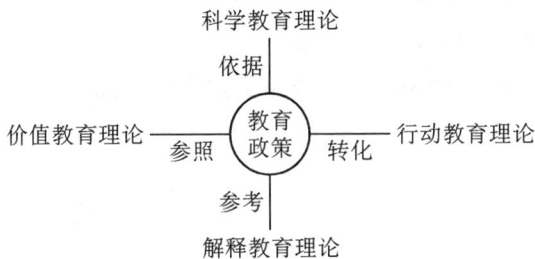

2. 中观层面——学校层面

校长及有关管理人员本身在个人的成长经历中就已经内化了一些个性化的实践管理经验,例如,这些人可能在小学到大学(或者研究生)的某一阶段,担任过班干部,或协助他的老师从事过学生管理方面的工作,积累了珍贵的管理经验,具备了一些实践智慧,这些人可能不学习教育(管理)理论就可以尝试着进行管理.但必要的理论修养对于一个成功的管理人员来说还是需要的.他们可以学习科学教育理论,选择与参照行动教育理论,参考有关学者对同类型的学校研究而得出的解释教育理论,获取有益的借鉴,然后通过理性的决策,制定学校发展规划,更好地管理学校.

3. 微观层面——教师层面

教师本身在个人漫长的求学经历中就已经内化了一些个性化的教育教学认识,曾经教过他的老师的教育教学方法、策略和手段都会给他留下很深的印象,这些都默默地为他提供参照,有时竟浑然不知,因此经常会出现这样的现象:没有学过教育学、心理学或学科教学法的人也会成功地进行教育教学.这并不等于说,各类教育理论对教师而言毫无益处,相反,教师学习科学教育理论,选择与参照行动教育理论和解释教育理论,进行教学反思和课程慎思,然后将自己所感知、感悟的个性化的理论运用到课程与教学中,这会有力地提高个人的教育教学水平.

思考题

1. 从正反两个方面分析建构主义对我国中学数学教育的影响.

2. 如何解决教育理论与教育实践的脱节?

3. 试述教育科学研究的社会价值.

4. 分析创新教育对教师教育科学研究素质的要求.

第二章

....

教育科研的基本方法

  教育科研中的研究方法是人们由未知向已知转化的中介和桥梁,研究方法是否科学,直接关系到研究成果的准确性和正确性.中学教育科研是人们对中学教育领域的对象、现象及其规律的一种创造性认识活动.

  教育科学研究应是一种有目的、有计划的探索过程,而不是一种盲目的活动.开展教育科研,首先要选择好课题,确定研究对象,提出假设,制定好实施方案,并进行课题论证.在论证基础上修改,确定方案,然后具体实施.事先没有目的要求,心中没有计划,临时想到什么就干什么,然后写一小结完事,这绝对算不上真正的教育科研.

  创造性是一切科学研究的本质特征.所谓创造,就是运用已知信息生产出某种新颖、独特、有社会或个人价值的产品.这种产品可以是一种新观念、新设想、新理论,也可以是一项新工艺、新技术、新作品等思维成果的物化形态.对于中学教育科研来说,就是探索中学教育领域中的未知,发现新规律,得出新结论,同时创造出新的更科学的研究方法.中学教育科研的任务,不是去复述前人已解决的问题,而是在接受前人成果的基础上,深入钻研,进入前人还没有进入或没有完全征服的领域,解决前人所没有解决或没有完全解决的问题.

  需要注意的是,中学教育科研与教育科研是有一定差别的.中学教育科研既有教育科研的一般特点,又具有自己的特殊之处.它更偏向于应用研究、微观研究、教学研究、校本研究.因此,我们必须明确:中学教育科研的最终目标是提高教育质量,所要解决的是中学的实际问题,提高中学教师的科研素质是教育科研的首要任务.

第一节　教育科研的一般程序及准备

教育科学研究是整个科学研究体系中的一个分支,它以人类社会特有的教育现象为研究对象,探索人类教育活动的客观规律. 教育科研以人们的教育实践为基础,并通过研究成果为教育实践服务. 课题研究是教育科研的基本形式,科研工作的目标主要是通过课题研究来实现的,一切科研活动都围绕课题研究而运转. 教育科研课题也称研究课题,就是教育科学领域中尚未认识和解决的问题.

进行教育科研课题研究也有其基本的操作流程. 一般而言,教育科研课题研究工作可分为前期准备、过程实施和后期成果总结与推广三个阶段. 其基本的操作流程为:课题选择——课题开题——课题实施——成果总结——成果鉴定——成果应用和推广等.

一、选题

教育科学研究从选择课题开始. 所谓课题,就是从研究方向所指示的问题中确立研究项目. 它体现研究的对象和范围,展示研究的目的和意义.

(一)课题来源

1. 纵向来源的课题

纵向来源的课题主要是指从全国教育科学规划领导小组办公室(简称"规划办")确定的课题指南中选择课题. 国家、省、市、县都有相应的"教育科学规划领导小组办公室",一般设在当地的教育科学研究院(所)内,负责规划本地的科研课题,学校可以从中选题,申报立项.

2. 横向来源的课题

横向来源的课题是指一些教育科研部门或同级教育行政部门或相关高校委托或协同进行的研究项目. 一般为一个大课题下设若干子课题,由不同类型的研究单位共同参与,协作攻关.

3. 从教育教学实践中发现课题

（1）从教学目的和任务中发现课题.如学生的数学探究能力培养、学困生转化、发挥个性特长、德育等问题.

（2）从教育调查中发现课题.如社会、家庭对教育教学的影响,学困生心理研究等.

（3）从教学困难中发现问题.如学生学习积极性的调动、学习成绩两极分化的研究、女生空间想象能力的培养等.

（4）从教学观察中发现问题.在听课、批改作业、辅导学生等过程中发现问题.

（5）从教育报告中发现问题.

（二）选题的基本原则

1. 实用性原则

教育科研的宗旨是为教育改革和发展服务.研究的中心要围绕教育改革、发展和提高过程中需要解决的问题来进行,选择课题要有一定的前瞻性.

2. 创新性原则

创新性原则要求课题要有新意,科学上早有定论的课题,一般不再有研究价值.它体现在:第一,具有首创性;第二,对同一课题的不同方面作补充研究;第三,对已有课题进行补充完善;第四,把基本原理转化为具体操作方法等.

3. 可行性原则

（1）客观条件:指时间是否允许,经费是否有保障,研究手段是否具备,人员是否配齐,领导是否支持等.

（2）主观条件:研究者的知识、能力、精力、身体等是否符合某项研究的要求.

4. 科学性原则

选题必须符合科学原理和教育规律,必须具备科学价值.在教学科研上要有新发现,或填补某方面的空白,或对某误说的纠正和对某前说的补充等.

（三）选题应注意的几个问题

1. 研究的范围大小要适度;

2. 研究的问题难易要适度；

3. 课题的主攻目标要明确；

4. 对选择的课题要进行科学性和可行性论证；

5. 感想、体会不是科研课题.

二、立项

进行课题立项是保证课题研究科学有序进行的重要手段. 只有进行课题立项，才能保证课题选择有方向、研究有指导、问题有帮助、评估有价值、推广有保障. 经过几年的发展，全国已经基本形成了教育科研立项、管理、评估、推广体系. 教育部在中央教科院设立"全国教育科研规划领导小组办公室"，负责全国教育科研立项、课题管理与评估验收工作. 全国各省、市、县也成立了对应组织，负责本地区的科研立项、管理与评估工作，初步形成了科研立项、管理、评估网络.

全国性的群众团体组织，如中国教育学会及所属的省、市、县教育学会，也承担科研立项工作，其他相关的学会、协会也有相应的工作职能. 同时，各级教育行政部门也积极开展教育科学研究，进行课题立项并组织有关人员成立课题组，进行教育决策研究. 此外，一些基金会，也根据工作需要，资助针对教育的某些问题成立的课题组，进行研究.

三、研究的过程

研究的过程，是实施课题研究的关键. 一个高水平的研究成果，必定有科学、规范的研究过程. 一个完整的研究过程，一般包括：建立假说；制订方案；选择科学实用的研究方法；修改方案与行动计划，验证假说，得出科学的结论.

（一）假说的建立

1. 假说的含义

在学校教育科学研究过程中，当选定某个研究课题之后，研究者就需要根据有关的教育理论、自己的知识经验和日常观点、选题时所搜集到的有关资料和事实、该课题目前国内外研究的现状等,对所要研究的事物的本质和规律提出某些初步的设想,这些初步的设想就是我们所说的假说.

假说具有三个显著特点:一是有一定的科学依据.研究者是凭借已有的知识经验和掌握的一定事实,根据一定理论提出的.二是有一定的推测性质.假说在未被证实之前,它仍只是一种思维现象,是对所研究问题答案的推断和猜测,有待于研究结果来检验其正确性.三是假说指明研究问题的可能结果,指出变量之间的关系及变量间作用的程度.一个典型的研究问题通常涉及到一个或多个变量与另一个或多个变量的关系.

2. 假说的作用

在中学教育科学研究中,提出具体的研究假说具有非常重要的作用.一方面,它使我们的研究目的更加具体,研究的范围和研究的目标更加明确,把研究数据的搜集工作限定在一个更加特定的方面和范围内.另一方面,具体假说的提出,使我们能够根据假说的内容和性质,设计具体的数据搜集程序去检验该假说对所研究的问题中各变量关系的推测是否正确.也就是说,具体研究方案的设计和研究方法的选择,都取决于研究者提出的具体研究假说,即要证明的东西.

3. 假说的基本类型

按假说内容的性质可分为以下三种:

(1)预测性假说,即对客观事物存在的某些情况,特别是差异性情况作出判断.

(2)相关性假说,即对客观事物相互联系的性质、方向、密切程度作出推测和判断.

(3)因果性假说,即对客观事物之间因果联系的推测判断.同一研究问题可以提出不同性质的假说,而不同假说,又需要相应的方案与方法加以检验.

按假说陈述的概括性程度又分为:

(1)一般假说,即对客观事物的状况、性质,相互联系的本质和运动变化规律具有较普遍的适用性的假说.

(2)特定假说,指对某一特定事物的某种特定状态、性质和联系提出的假说,它预测的是事物间的特定关系.

应该看到,一般与特定假说的区分是相对的.同一假说对于某些假说来说属于特定假说,而对于另一些研究假说来说又是一般假说.

4. 建立假说的方法

提出研究假说的基本方法是演绎法和归纳法.

演绎法是指从一般到个别,即从某一理论或一般性陈述出发来考察某一特定的对象或现象,对这一对象或现象的有关情况作出推论.根据变量间的假说关系,建立对有关事件的一般猜测,然后再根据它对个别特殊事物与关系作出猜测,这就是提出具体研究假说的演绎方法.我们通常是通过对特定假说的检验来检验一般假说或理论陈述的正确性.

归纳法是从个别到一般,即从许多个别事物中概括出有关事物或现象的一般性认识或结论的方法.因此,在用归纳法提出事物研究假说时,研究者通常需要先对诸多特定现象或事件进行观察,然后在此基础上再提出一个更一般性的假说.

通过以上说明可以看到,归纳法从数据、观察开始,然后由此形成更一般的假说;而演绎法则从理论和一般陈述、一般假说开始,然后由此形成更特定的假说.一般来说,检验特定假说比检验一般假说容易.

5. 建立假说要注意的几个问题

(1)假说的提出要有一定的依据,即以一定的理论或一定的经验和观察事实为前提,具有一定的科学性和探讨的价值;

(2)假说一般应对两个或两个以上的变量间的关系作出推测;

(3)假说应以陈述句的形式,准确、清晰地加以说明,而不能用问句形式或含糊不清的陈述句表示;

(4)假说是可以检验的,即可被研究人员用一定的方法搜集来的数据和事实加以验证;

(5)假说应该简洁、明了,变量间的关系用一个简单的陈述句加以说明,应尽量避免采用复杂的假设,描述和归纳假说要简洁.

(二)制订课题研究方案

教育科研的方案一般应包括如下内容:

1. 课题名称的确定

课题名称也叫课题标题,应具有高度的概括性,恰当地揭示出课题名称与课题中心论点之间的关系. 课题的表述不管语句长短,一般要涉及研究对象、内容、方式、方法,用语一定要准确、明白,合乎科学研究的有关规定.

2. 课题研究的目的和意义(课题提出或研究的背景)

目的和意义就是对课题结果的总体设想. 目的是指对该课题所达到的最终结果或借助一定手段达到这种结果的途径的设想;意义则是对该研究活动所造成的影响的设想,是结果的结果,比目的更深一层.

3. 课题研究的现状

国内外对该课题研究的进展情况、研究水平及发展趋势和存在的主要问题,有关专家对相同或相似课题的不同观点及研究现状等.

4. 确定实验假说

那些凭经验作出的判断在被实验和逻辑证明之前就叫做假说. 实验,就是检验假说是否成立,一个科学假说是以某种理论或科学知识为基础的. 研究者应根据假说的要求,有计划地设计和进行一系列观察、实验,直至最终检验预想的假说.

5. 研究的基本内容

说明该课题所研究的具体问题,预期达到什么目标,突破什么问题. 在较大型研究中,还需列出子课题.

6. 课题研究的理论基础和基本原则

课题研究必须有明确的指导思想. 一方面要坚持政治理论的指导,另一方面还要坚持业务理论的指导. 同时要根据子课题的不同,坚持不同原则,针对不同的侧重点,作出合乎该课题实际的解释与阐述.

7. 研究的方法

围绕课题需要或阶段研究需要,采取具体方法进行研究. 研究方法不论是调查法、观察法、案例法、比较法、文献法,还是行动研究法,都应加以说明.

8. 具体实施步骤

要作出课题研究的时间与进度安排,将研究的具体内容划分为几个阶段,分步设计.

第一阶段,确立选题,搜集文献资料,制订实验方案和工作计划;

第二阶段,修改并完善实施方案,科学有序地进行实验并验证假说;

第三阶段,整理研究成果,撰写研究报告或学术论文,推广实验经验.

9. 课题的组织与管理

课题研究由谁领导,由谁主持,由谁具体实施,以及保证研究顺利完成的基本条件与措施是什么等.

10. 研究成果及表现形式

研究取得成果后,用什么方式将成果反映出来,是报告、学术论文还是专著,也应具体说明.

11. 经费预算及需购置的相关研究工具

列表说明课题研究所需经费的项目及具体金额,以便得到立项主管单位和教育行政部门的审核批准.

(三)确定研究方法,实施研究方案

中学教育科研工作,大都来源于实际工作中遇到的问题,找出产生这些问题的原因,并进一步找到解决问题的办法,是我们开展课题研究的最终目的.选择适当的科研方法,是课题研究成败的关键.教育科学研究方法有许多种,用哪种研究方法好,应该看哪种方法有利于解决实际问题.

第二节　教育观察法

科学研究始于观察.观察是一种有目的、有意识的认识活动,观察结果是研究者形成判断和推理的依据.观察法是一种描述性研究方法,它既可以作为一种独立的研究方法使用,有时也可作为一种其他研究方法的辅助方法使用.在科学不发达的古代,观察是研究周围世界的主要方法,在科学高度发展的今天,观察法仍然是科学研究的一种基本方法.

一、教育观察法概述

观察有日常生活中的观察和作为科学研究手段的观察之分,观察法是教

育研究中运用最广泛、最有效的一种研究方法．教育观察法作为教育科学研究的手段，它特别适用于幼儿教育和基础教育的研究．它既可以单独设计运用，也可以配合其他研究方法反复运用．它是调查研究法、行动研究法、经验总结研究法、追踪研究法、实验研究法的基础方法，离开观察法，上述这些方法都难以进行．

（一）教育观察法的含义

教育观察法是指研究者通过感官或借助于科学仪器，有目的、有计划地对自然状态下的教育现象进行感知、记录、分析，从而获得事实资料的一种研究方法．

教育观察可以分为科学观察和日常观察两大类．狭义的教育观察单指科学观察；广义的教育观察既包括科学观察，也包括日常观察．日常观察是科学观察的基础和初级形式，人们在日常观察中获得的大量信息，可以为科学观察提供灵感；科学观察是日常观察的高级形式，是有计划的科研活动；科学观察应用于教育问题研究则为教育观察．

教育观察是科学观察，不同于日常观察．日常观察是随机的、自然的感知，无目的、无计划，也不要严格的记录，信息具有主观性、偶然性、零碎性．科学观察则有目的、有计划、有严格记录，信息具有客观性、可靠性、系统性．虽然科学观察与日常观察相比有诸多优点，但并不意味着日常观察不重要．在教师对学生的了解中，大量信息来自日常观察．许多正式研究中的问题和假设，往往也是建立在研究者在日常观察中获得的经验和启示的基础上的．教师要改进工作、发现问题、理解学生，往往需要通过日常观察．因此，在不具备条件开展正式的观察研究时，也可以通过有意识地改进日常观察的方法来考察某些现象或问题．

（二）教育观察法的基本特征

1. 直接性

直接性即教育研究者与观察对象的直接联系．由于观察的直接性，研究者所获得的资料真实可信，准确有效．之所以说"百闻不如一见"，就是因为观察法具有直接性这一基本特征．

2. 情感性

由于教育观察的对象是人,教育研究者与观察对象之间的关系,有时也是一种人与人之间的关系.特别是当教师具有双重角色时,即教师既是教育工作者,又是教育研究者时,教育研究者与观察对象之间的关系,实际上是师生之间的互动关系.师生之间的互动,除了认知的互动之外,还有情感上的互动.这时,作为教育研究者的教师,在观察学生的行为表现时,往往带有个人主观上的感情色彩.观察的情感性特征,容易影响教育观察的客观性.

3. 重复性

重复性即教育研究者有必要也有可能对学生或教育教学现象进行反复多次的形象观察,充分观察可避免观察的表面化和片面化.

观察研究法的优点是:简便易行;获得的资料可靠性较高;有时它还可获得意料之外的资料.在中外社会学和人类学的发展史上,运用观察研究法搜集资料是一种重要方法.

当然,观察研究也有一定的局限性,由于研究者不可能在任何时刻、任何情况下对研究对象进行观察,所以受到一定的限制.此外,由于观察的样本数小,以及观察得来的只是表面性的和感性的材料,因而观察的结果可能是片面性、偶然性的东西.

(三)教育观察法的类型

根据不同的标准,可以将观察分为不同的类型.

1. 自然观察法和实验观察法

自然观察法是在自然状态下,即事件自然发生,且对观察环境不加改变和控制的状态下进行的观察.

实验观察法是在人工控制的环境中进行的系统观察.其具有明确的观察目的和周密的实施计划,对观察对象的行为表现做精确的观测,对被观察者的行为的一个或一个以上的影响因素(自变量)进行控制,并观察这种控制对被观察者的行为表现(因变量)的影响,从而发现这些影响因素与被观察者的行为表现之间的关系.

2. 直接观察法和间接观察法

直接观察法是直接通过观测者的感官考察被研究者的活动,获取具体的第一手材料的方法.

间接观察法是观察者借助一定的仪器、设备考察研究对象活动的方法.

3. 参与观察法与非参与观察法

参与观察法是研究人员参与到观察对象的活动之中,通过与观察对象共同进行的活动从内部进行观察的方法.所有的参与观察研究都介于"参与者的观察"与"观察者的参与"之间.

非参与观察法是研究人员不参与被观察者的任何活动,完全以局外人的身份进行观察的方法.

4. 有结构观察法和无结构观察法

有结构观察法是在观察前有详细的观察计划、明确的观察指标体系,观察时严格按计划进行,能对整个观察过程进行系统有效地控制和完整全面地记录.

无结构观察法是研究者只有总的观察目的和要求,或只有一个大致的观察范围和内容,没有详细的观察计划和观察指标体系.

5. 时间取样观察法和事件取样观察法

时间取样观察法是在选定的一定时间内进行观察,对观察对象在这一时间段内或这一时刻发生的各种各样的行为表现和事件作全面观察记录.

事件取样观察法是对与某种研究目的有关的、预先确定了的、有代表性的行为或现象,从背景、起因、经过、结果、持续时间等方面进行的观察和记录.

二、教育观察的常用方法

(一)实况详录法

实况详录法亦称连续记录法,是指在某段时间内,连续而详细地把观察对象在自然状态下的行为表现收录下来的一种观察方法,运用实况详录法要注意三个问题.

1. 根据观察目的确定观察的场景和时间

学生活动的场景是很多的,既有校内的又有校外的,校内又分课内场景和课外场景. 观察的时间可长可短. 一般而言,应根据本次观察的目的来确定观察的场景和时间.

2. 善于借助先进的设备

传统的实况详录法只是在观察场景采用手工的纸笔记录,速度慢,且容易出现错漏,记录不细不全. 现代的实况详录法应注重借助摄像机、录音机等现代化设备,把某段时间内的现场实况摄录下来,以供回放研究.

3. 记录要客观、全面

无论是用人工记录,还是用设备摄录,都应客观反映观察对象的实况,尽可能多角度拍摄或记录,反映全貌,使获得的资料原始、真实、详细、全面. 在进行人工书面记录时,先忠实地观察记录和客观地描述事实,记录完后,再对描述的事实进行解释和评价,应严格区分客观描述和主观解释或评价.

此方法的优点是能提供详尽的行为事件及其发生的环境背景等资料,实录下来的资料系统、完整并可作长久的保留,供反复观察与分析使用. 缺点是对记录的技术要求较高;用人工记录很困难;用现代化的观察设备代价昂贵;记录和整理资料费时多.

（二）日记描述法

日记描述法简称日记法,是以日记的方式记录观察对象行为表现或教育现象的一种观察方法. 它可分为两种类型:一种是综合性日记描述,即把观察对象的各个方面如实记录下来,为全面研究观察对象所用;另一种是主体日记描述,即只记录观察对象某一方面或某几方面的情况,为专项研究观察对象或某种特征所用. 如皮亚杰就是以主题日记描述的形式对自己孩子的认知发展进行观察研究的.

日记描述法是一个传统的观察研究方法. 最早运用这种方法的是瑞士教育家裴斯泰洛奇,他用此法跟踪观察其子 3 年,于 1774 年出版了《一个父亲的日记》,在日记中记录了自己孩子的成长、发展的情况,同时对母亲的早期教育作用及其他对儿童生活有重要影响的因素进行分析. 19 世纪末 20 世纪初,这种记录有关儿童成长和发展的日记描述法,是研究儿童的一种主要方法. 它比较适用于长期跟踪观察研究和个案研究,有利于研究儿童发展的顺序性和连续性,记录的材料真实可靠,方法简便易行.班主任对本班学生的观察研究可以使用此种方法.但样本和观察结果缺乏代表性,如果作长时间持续记录,则比较费时费力.

(三)轶事记录法

轶事记录法又称记事法.轶事是指独特的事件,这种方法以记事为主,即将研究者认为有价值的、有意义的或感兴趣的事件完整地记录下来.它与日记法有所不同,它不是连续记录某一特定儿童(个案)的行为及其发展,而是着重记录有一定研究价值的事件或信息.它要求从事件刚刚发生到事件的结束,全过程都要完整地按顺序记录下来.轶事记录法观察记录的内容可以是典型事件,也可以是反映学生身心发展某一方面的行为事件.但无论是哪一种事件,都应是研究者亲自观察到的而不是道听途说或从其他资料转抄过来的.它要求记录资料具体、详细、完整、客观、准确,不仅要记录有关行为、言谈,还要记录事件发生的背景以及与之相关联的其他情况.由于轶事记录法常常是事件发生后的回忆,所以一定要及时记录.

轶事记录法所获得的资料真实可靠而且典型,有长期保留和反复研究利用的价值.它运用简单、方便,无需编制观察记录表格,是教师常用的一种观察方法.但由于它往往不是现场作记录,而是事后回忆作记录,回忆的内容可能不够准确.

(四)事件取样法

事件取样法是以特定的行为或事件的发生为取样标准,注意记录某些预先确定的行为表现或事件完整过程的观察方法,与轶事记录法有相似之处.不同的是,事件取样法是实施正式观察活动时采用而不是事后追忆记录.

运用事件取样法,研究者需等待所选行为、事件的出现,然后及时作记录.它只记录预先确定的行为表现或事件过程,通过从样本的观察资料中推断出这种行为或事件的一般情况.

运用事件取样法要注意两点:

(1)观察前,确定所要研究的行为或事件,确定记录哪些事件的发生、发展过程,并确定所需记录的资料种类与记录形式,制定出相应的记录表格.

(2) 观察时,只要预定的行为或事件一出现,就要立即记录,并可随事件的发展持续记录.

事件取样法的优点是:可在有准备的情况下获取有代表性的可行样本,收集资料所用的时间比较经济;缺点是:集中观察特定事件本身,对导致其发生的条件和环境等信息不能充分了解.

(五) 时间取样法

时间取样法是指研究者在特定的时间内观察和记录所发生的特定的行为,这种方法把观察对象在每一时段中的行为表现或教育现象看作一个样本.

这种方法的具体做法是:

(1) 确定观察的总时间. 例如,持续观察 2 周.

(2) 确定若干观察时段. 例如,每天上午 8～10 时,对每位学生观察 10 分钟.

(3) 给出所要观察的行为或现象的操作性定义,制订观察表格,并熟记表格项目内容.

(4) 实施观察,并做好记录.

(5) 整理观察资料,并作出研究结论.

时间取样法与事件取样法有不同之处:事件取样法不受时间间隔和时段规定的限制,而时间取样法必须严格按事先规定的观察时间,在规定的时间段里进行观察记录;事件取样法侧重特定行为或事件的特点及全过程,而时间取样法则注重在规定时段中预先设定的行为是否出现、出现的次数以及持续时间.

时间取样法的关键在于预先规定所要观察行为或现象的操作性定义,以及各种行为或现象的记录代号,并精心设计好记录表格.

时间取样法的优点是省时、简便、客观,可进行量化分析;不足之处是,它仅适用于眼前经常发生的行为,如学生的上课表现、师生交往、对老师指令的关注等等;但不适宜观察学生的内隐行为,如心理活动等,同时这种方法所获得的资料往往是说明行为的种种特征(如频率)的资料,而一般没有关于环境、背景的资料.

（六）行为检核法

行为检核法也称清单法,或称查核清单法,这种观察法是将要观察的行为项目排列成清单式的表格,在这些行为项目旁边标明是否出现的两种选择,然后通过现场观察,检查核对这些行为项目是否出现,某种行为一旦出现,就立刻标记.

由于这种方法的实施,要预先制定观察表格,即观察清单,列出观测的具体项目,观察是在一定的现场和规定的时间内进行,所以它具有诊断、测量的功能.有时,在观察过程中,为了使学生对某些项目作出反应,研究者可对这些项目进行提示,类似于智力测验的实施.

行为检核法的关键在于行为检核表的编制.检核表编制的方法如下:

（1）列出重要项目.研究者应确定所研究的问题包括哪些内容,有哪些方面的表现.

（2）根据主要项目分解出具体项目.要从每项主要项目中分解出更具体的项目,即各类行为的详细表现.例如,"学生对几何形体的认识"这一主要项目,可具体化为:当教师说出圆、三角形、正方形、长方形等几何形体的名称时,学生能否正确指出对应的几何形体.

（3）按一定逻辑顺序排列项目,编制出行为检核表.既可以难易程度为序,也可以字母为序.

行为检核法可与调查法、测验法、时间取样观察法等并用.其观察目标明确、省时、简便易行,教师可根据本校、本班的具体情况自制行为检核表,重视标准参照测查,也可以采用已有的标准化行为检核表对本校、本班学生进行观测,然后将观察结果与常模比较.这种方法的主要缺点是:它不保留原始实况,包括所观察行为的详细情况和背景资料.

三、教育观察法的实施

教育观察研究除了需要人的感官,还需要科学的观察仪器与装置,如望远镜、显微镜、摄影机、照相机、录音机、探测器、单向玻璃等等.如观察需要辅助工具,则需在观察活动前预先进行仪器设备安装、调试,熟悉各种设备的功能和使用方法.

(一)准备观察途径

教育观察活动不仅要在自然状态下进行,而且要以不影响正常教育教学为原则.因此,在正常的教育教学活动中,应同时注意运用教育观察.教育观察的基本途径有:

1. 上课

亲自为学生上课,是观察学生最普遍、最理想的观察途径.教师与学生面对面地交流,面对面地观察,获取信息之准确、丰富是其他途径不能比的,很多教师已深有体会和备受其益.

2. 听课

听课的目的是观察课堂教学中教师教的情况与学生学的情况,可以直接了解教师课堂教学的表现、教师的教学思想和技能;还可以了解学生的学习活动和心理特征.此外通过听课也可以在一定程度上间接了解教师的备课情况,这是教学研究人员研究课堂教学改革、评价课堂教学优劣经常采用的手段.

3. 参加有关活动(参与观察)

如参加学校的各种集体活动,"身临其境",考察师生在活动中的表现,了解校风、学风的情况.在参与观察中,不能让被观察对象知道和察觉观察意图,这样才能观察到想要知道的真实情况.

4. 实地参观考察

观察学校的自然环境、校舍建设、设备仪器、卫生状况、纪律制度、校风教风等,并观察学校教学、生活和管理的各个环节运转情况,这是参观学习者或上级领导经常采用的方法.

列席学校各种会议或召开座谈会,倾听学校领导、中层干部以及班主任、教研组长和学生的发言,观察会场气氛和大家的情绪;查看反映学校以前运转情况的各种资料,如计划、教案、作业、档案等,可以了解该校办学思路、办学水平、教改情况和团结情况等,这是教育督导人员经常采用的手段.

5. 访谈

与被观察对象交谈,可以直接观察和了解对象的个性心理特征、思想倾向、仪表神态以及身体状况等.访谈包括个别访谈和小组访谈,访谈时研究者要善于察言观色.

(二)实际观察

实际观察就是观察实施的具体过程.进行实际观察时,首先要选择好进入方式.进入观察场所时,在尽量不影响被观察者常态的情况下,选择最佳观察角度.参与观察还必须与被观察对象建立友善关系.其次,要作好观察记录.应根据不同的观察类型选择适当的记录方法,记录要及时、准确、有序、全面、详尽.

在实际观察中要注意以下几点:(1)灵活执行观察计划;(2)抓住观察的重点;(3)注意做到观看、倾听、询问、查看、思考五个方面相互配合;(4)做好观察记录.

实际观察记录方式分为:(1)定性观察记录方式——田野记录的方式.常用的田野记录主要有以下几种:准结构描述、日记描述、轶事记录和连续记录;(2)定量观察记录方式.如前面所述,常见的几种分类测评观察工具有:编码体系、行为检核表和等级量表;(3)现场观察记录方式.进入现场要注意两点,第一是选好观察位置,有较好的角度和光线以保证观察有效、全面、准确;第二是不惊扰观察对象或与观察对象打成一片.如果是外部观察,最好不让观察对象知道.如果是内部观察,要与观察对象建立和谐良好的关系,以免其产生戒备心理.实施观察要注意看、听、问、思、记等互相配合,达到最佳效果.

如何做好观察记录,特别是无结构式的现场实况记录,是实际观察中较困难的一个环节.叙兹曼和斯特劳斯在1973年提出一个系统的现场观察记录格式(田野记录格式),将现场笔录分成三个部分:

① 实地笔记,专门用来记录观察者看到的和听到的事实性内容;

② 个人笔记,用来记录观察者个人在实地观察时的感受和想法;

③ 方法笔记,记录观察者所使用的具体方法及其作用.

案例 2.2.1

初中数学课堂观察记录表

教师在课堂中的主要行为有课堂提问、适时评价等.针对教师的这些行为,设计如下的课堂观察记录表.听课教师将自己所看到、听到和想到的事情分别填入下表中有关的栏目里,并进行相应的分析.

教师提问表述课堂观察记录表

教师提问类别	记录次数(画正字记录)	各类提问所占比例	分析
重点提问			
简单提问			
发展性提问			
组织性提问			
无效提问			

教师评价语言运用课堂观察记录表

教师评价语类别		记录次数(画正字记录)	各类评价语所占比例	分析
错误评价	误导			
无效评价	不作评价			
	重复答案			
简单确定评价	简单评价			
	改正答案			
	简单否定			
发展性评价	激励性(你想的不错、说得很好)			
	探究理解性(还有其他的想法吗?)			
	指导分析性(你是怎么想的? 为什么这么想?)			
	引导学生作评价			

（三）观察资料的整理与分析

观察结束后,要对观察记录进行初步整理. 对笔录资料要分门别类存放;对录音、录像、摄像资料要登记并做卡片,以免事后因记忆模糊而造成资料混乱.

整理与分析工作的基本内容:(1)整理资料,看所需观察资料是否都收集到;(2)审查资料,看所收集到的观察资料是否有效;(3)分类归档;(4)详细说明要解释的内容.

通过研究者亲自观察得到的资料一般比较真实可靠,但有时也有人为的虚假成分. 如有时由于某种原因,被调查的学校或个人会以某种假象掩饰事实的真实面目. 同时,由于观察受观察者自己的价值标准和以往经验的影响,可能造成观察资料的不准确. 因此,在整理和分析观察资料时,要注意如下几个问题:

第一,要检查观察资料是不是严格遵循科学方法的程序而获得;

第二,如果资料是用多种方法收集的,则应把通过观察获得的资料和通过其他方法获得的资料进行比较,如发现问题可再去核实;

第三,当观察是以小组进行时,可将观察者之间获得的资料进行比较;

第四,对于较重要的问题应注意观察时间的长短,一般来说,长时间的观察比短时间的观察更可靠.

例如,一位年轻教师在讲授六年级"公倍数与最小公倍数"一课时,课堂气氛很好,有问必答,课堂教学开展非常顺利,看上去是一节好课,用案例 2.2.1 给出的教师课堂提问表述观察记录表,对该教师的课堂提问进行了记录分析,统计提问次数总计 50 次,进行量化分析后发现了很多的问题. 记录情况见下表:

教师提问表述课堂观察记录统计

教师提问类别	记录次数(画正字记录)	各类提问所占比例(%)	分析
重点提问	正(5 次)	10	
简单提问	正正正正(19 次)	38	
发展性提问	一(1 次)	2	
组织性提问	正正正丁(17 次)	34	
无效提问	正下(8 次)	16	

分析:数学课程标准强调,教师提问要有驱动性,一是指提问要能驱动学生问题解决的思维心向,从而引发学生提出自己的问题;二是指能不能激起学生问题解决的兴趣与热情.可用下图表示:

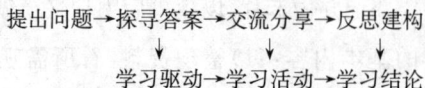

提出问题→探寻答案→交流分享→反思建构

↓　　　　↓　　　　↓

学习驱动→学习活动→学习结论

教师在课堂教学中因害怕学生不懂,将一些有价值的问题零打碎敲肢解成一个个的小问题向学生发问.尽管适当的铺垫可以使学生迅速掌握(接受)相应的基本知识与基本技能,但铺垫过度制约了学生探究能力和创新思维的发展.

第三节　教育调查法

调查研究是了解事实、收集第一手资料的主要手段,已被广泛地运用于社会各个领域,而其中尤以教育活动中的调查研究最为活跃,最有成效.调查研究可以帮助教师了解自己的教育对象在学习、生活、身心发展等诸多方面的情况,了解家长对自己教育教学情况的反映,以便帮助教师改进自己的教学.对教育进行的研究,主要有实证研究和思辨研究两种方式.目前,我国教育理论研究者和实践工作者在面临各种教育问题,寻求解决方法的过程中,开始自觉地选择实证调查研究的方式,反映了我国的教育研究逐步走出书斋,走向教育实践.

一、教育调查法概述

随着我国教育的发展和改革的不断深入,教育调查法显得日趋重要,频繁地被采用.教育作为一种社会现象,要研究它的过去、现在以及预测它的未来,就必须进行科学的调查研究.通过调查,一方面可以为教育科学研究搜集事实;另一方面可以为各级教育行政部门制订政策、法令、法规和教育发展计划提供依据.同时,也为教育第一线的实际工作者提供经验教训,以便更好地改进工作,提高教育质量.

（一）教育调查法的含义、特点

1. 教育调查法的含义

教育调查法是指研究者从研究目的出发,深入教育实际收集研究对象的资料并进行分析和研究,从而了解教育现状、发展趋势并形成科学认识的一种研究方法.教育调查研究是通过问卷、访谈等科学方式,搜集教育问题的资料,从而对教育的现状作出科学的分析,发现存在的问题、分析问题成因、形成规律性认识并提出教育整改策略的整套的实践活动.

2. 教育调查研究法的特点

（1）调查重点在于了解教育现状而不是教育史实,主要目的是了解现实问题,描述"现在事件".它不像历史法那样以教育的"过去事件"为研究对象,而是以教育的"现在事件"为研究对象.

（2）教育调查一般是在自然状态中收集资料,不是通过人为地改变教育现状来研究教育规律.但教育调查又不是简单地把研究者所看到的一切都记录下来,而是要有目的、有计划地确定研究主题,设计研究方法,有选择地搜集和精选有关的资料,并进行科学的分析和处理,在这个基础上,得出科学的、合乎逻辑的结论.

（3）教育调查不是研究者直接观察研究对象来了解情况,而是通过他人间接了解研究对象的情况,是一种间接观察.

从这个意义上说,调查不是对事实的简单堆砌,而是研究者在周密的设计下,对教育现象的系统考察和分析.进行教育调查研究,不仅是对教育现象本身的了解,而且更重要的是,要运用正确的研究方法,综合运用有关的理论进行分析和研究,只有这样才能得出科学的、有价值的研究成果.由此也可以看到,教育调查研究的功能,即在于通过对教育问题的研究,揭露问题,暴露矛盾,通过不断解决教育内外部的各种矛盾促进教育的发展;发现、总结和推广先进教育思想和经验,改进工作,提高教育质量;为不同层次和不同要求的教育管理和预测工作服务,可以为描述性研究提供事实材料.

3. 教育调查法的优缺点

调查研究作为一种研究的方法,之所以能够广泛地运用于社会各个领域,并为许多实践工作者所用,定有其自身的优点.

（1）不受时空限制,能在较短时间内,以较快的速度对较大范围的事实进行研究.由于调查研究法在很多情况下不必直接感知现象而是一种间接的研究方法,因此,它可以通过邮寄、电话等手段,以问卷、访谈等形式,迅速地收集大量信息.

（2）简单方便,容易操作.由于调查是在自然状态下进行的,对环境和其他一些研究条件要求不高,且不需操纵和控制调查对象,所以能在较大的范围内为较多的研究者采用.

但作为一种研究方法,它也有自己的局限性:

（1）无法确定现象之间的因果关系.由于调查研究法是在自然状态下收集资料,而不是通过实验去主动操纵和改变现象与变量,因此,即使当我们通过调查发现甲乙两现象之间有密切关系时,我们也难以确定谁是因谁是果,因为甲乙之间的关系会有多种可能.

（2）调查研究的可信度受被调查对象的态度和作风影响.由于调查研究法是向别人间接了解情况,因此,被调查者所反映事实的客观性和真实性程度,决定了获得资料的可靠性程度.如果被调查对象所反映的事实加入太多主观成分,所获得的资料的可靠性就差,自然调查的信度就差.正因如此,教育调查法也常常与其他科学研究方法结合使用.

（二）教育调查的种类

教育调查法在实际研究中应用得比较广泛.根据不同的标准,教育调查法可以分为以下一些类型.

1. 依据调查的目的,可分为常模调查和比较调查

常模调查是以了解教育现象中某个方面的一般情况,建立某个问题的一般指标为目的的调查.这种调查的结果可以为教育行政部门和教育研究工作者提供某个问题的基本情况,作为行政部门作出决策或进行某方面研究的参考.

比较调查是以比较两个群体或两个时期教育的情况为目的的调查.有时我们需要了解不同的群体、不同的时期在教育的某些方面的异同,搜集这两个方

面的资料,进行比较分析就可以达到这样的目的.

2. 依据调查的范围,可分为全面调查和非全面调查

全面调查,也称普遍调查,是对研究对象的总体进行的调查,这种调查规模大,具有普遍性.全面调查可以了解某一个问题的全貌,是一种可信度最高的、最能反映一般情况的调查.但是,全面调查涉及的面很广,需要的人力、物力也很多,因此,不能普遍采用这种调查方法.

非全面调查是从调查对象的总体中抽选一部分具有代表性的样本进行调查.这种调查由于调查的对象少,因而比较省时省力,并且若选择样本的方法正确,会收到很好的研究效果.因此,非全面调查是否可以取得有价值的结果,一个重要的因素就是所选取样本的代表性.非全面调查应用得比较广泛,我们通常所见的调查多为非全面调查.常见的非全面调查有重点调查、典型调查、个案调查、专家调查等.

重点调查是在被研究的总体中选出一部分重点个体进行调查,以此结果来分析总体的一般情况.重点的选择可以依据调查的具体任务而定,可以是重点的学校、教育行政部门,或某些重点的学生.有时为了确定重点对象,在调查之前也可以做一些摸底测查,用测查中取得的指标来确定重点内容.

典型调查是在被研究对象中有计划、有意识地选择一部分有代表性的单位或个体进行调查.典型调查通常叫做解剖麻雀的办法,对于在某些方面取得成效的单位或个人,进行详细具体的了解,从而总结出一些具有典型性的规律,用以指导一般的工作,实际研究中的许多典型经验的总结都可以看作是典型调查.

个案调查是在全体研究对象的范围内选取个别有显著特征的对象进行调查.个案调查研究的对象少,可以对调查对象进行深入的接触和全面细致的分析,把握具有该特征的对象发展变化的线索特点,通过进一步验证、深化,推论出具有一般意义的认识.但个案调查对象的选取往往受主观因素的干扰,弱化了调查结果的代表性,而且在综合个案研究资料进行一般意义的推论时也要力求避免主观性和片面性.

专家调查,也叫德尔菲法,是以专家匿名函询的方式,征求、汇集并统计个人的意见或判断,以便在一些问题上使大家取得一致意见,从而对未来作出预测的方法,这种方法是为克服专家会议法的弊端而提出的.

3. 按照调查的内容,可以分为学科性的典型调查、反馈性的普遍调查和预测性的抽样调查

学科性的典型调查,是与学科建设相联系的一种调查,通过对具有代表性的个别事物或个别总体的调查研究,得出某专题研究的一般结论.这种类型的调查具有探索性,重在研究某教育现象或过程内部多种因素的相互关系以及发展的一般特点.

反馈性的普遍调查,适用于调查研究政策制定和政策执行过程中的问题.主要是为了了解现状,解决当前存在的问题并提出决策办法.该项调查通常是调查研究的开端,为进一步的深入研究积累资料、奠定基础.如"女中学生现代素质的探索与培养研究",这个课题即是对女中学生素质的现状进行调查,了解其素质缺陷,在此基础上,提出有的放矢地培养女中学生的现代素质的方法.

预测性的抽样调查,主要是用于对某一时期的教育发展趋势进行预测研究.它主要关心事物将会怎样,如"21世纪数学教育的展望"、"21世纪对女性素质的要求"等研究中采用的调查方法就属于预测性的抽样调查.

4. 按照收集资料的方式,可分为下列几种方法

(1)通过被调查者自我报告方式收集资料的方法:调查表法、问卷调查法、访谈调查法等.

(2)研究者通过自己的感官等方式收集资料的方法:观察法和个案研究法,即实地调查法.

(3)通过一定的测试收集资料的方法:测试法.

(4)通过总结他人经验了解教育情况的方法:经验总结法.

以上是教育调查的几种主要分类方法.从以上分类标准可以看出,调查研究的分类是多角度的、多维度的.在实践中,每一项研究采用的调查方法都可以按各种分类标准归为多种类型.从不同角度对调查研究进行分类,有助于加深我们对调查研究的认识.进行分类的目的,一是要从实践中使用的各种具体的调查研究中归纳出一些类型,通过对各种类型的优缺点的分析来对以往的调查经验进行总结;二是要依据对各种类型的特点和适用范围的认识,来指导今后的调查研究;三是通过对各种类型的认识来系统地学习和掌握教育调查研究方法.

（三）教育调查研究的具体步骤

研究是一个不断提出问题和解决问题的过程.提出问题是研究的开端,解决问题则是研究的终结.在提出问题到解决问题之间,研究者的主要任务就是收集实证性资料,用收集到的资料来解释和说明问题,这就是研究.这个过程可以用下面的简图表示.

$$提出问题(开端) \xrightarrow[\text{收集资料(过程)}]{} 解决问题(终结)$$

调查研究过程示意图

调查研究是一种有目的、有计划、有系统的活动,需要严格的工作程序.就调查过程的顺序而言,一般由五个相互关联的主要步骤所组成:选择课题,提出假设;设计调查研究方案;收集资料;整理与分析资料;作出结论,撰写报告.以上步骤的基本顺序是根据人们对客观事物的认识规律而作出的逻辑安排,符合问题解决的心理历程,因此是不能随意更改的.在此过程中,每个阶段都有各自特定的具体活动和要求,研究者应根据实际情况进行适当的调整,以保证研究的顺利进行.这五个步骤构成一个相互联系的循环,与科学研究的一般过程相一致.

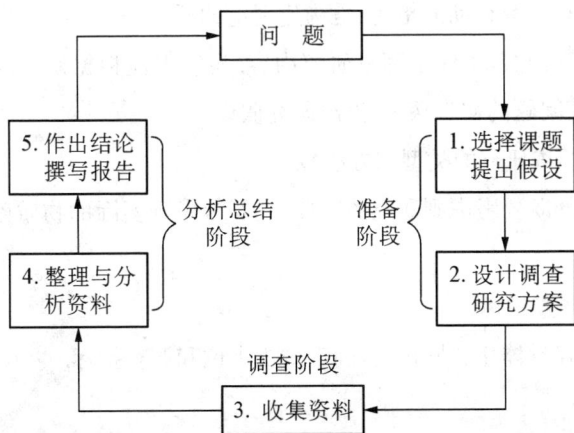

（四）教育调查研究的一般过程

这五个主要步骤构成了调查研究中的三个阶段：第一步与第二步是调查前的准备阶段，第三步是调查阶段，第四步和第五步是调查后的分析总结阶段．

1. 准备阶段

准备阶段的具体步骤包括：

（1）选择课题

通过对教育领域中研究形势的把握和现实问题的探讨，来选择调查的课题．

（2）查阅文献

知识是积累的，具有继承性，任何研究都是在前人研究的基础上进行的．在确定研究题目、明确研究目的后，必须收集并查阅有关文献资料，了解有哪些相关理论和研究，以进一步明确课题的地位，避免重复别人做过的研究，并获得如何进行研究的思路和方法．

（3）澄清概念

确定研究的指导思想和理论基础，澄清课题所涉及的基本概念，确定研究问题中主要涉及哪些变量，区分变量的性质，理清变量之间的关系，给变量下抽象性定义和操作性定义，在对研究变量进行分析的基础上准确地表述调查研究的目的．

（4）提出假设

研究假设是研究行动的指南，是构建理论的桥梁．有了研究假设，就可以更明确地规定研究内容，也便于理解研究内容．研究者应根据研究问题和研究目的，经过对研究问题的初步探索，提出研究假设．

（5）确定调查研究的类型和方法

方法的选择既要考虑到研究的需要，也要考虑到实际的物质条件和研究者本人的能力．

（6）确定调查指标

将调查内容具体化和操作化，确定分析单位和调查指标．

（7）抽样

抽样即按照一定的抽样方案，选择研究对象．任何研究都有研究对象，教育研究通常涉及人,如教师、学生、家长、管理人员等. 选择研究对象涉及研究总体、研究样本、抽样方案. 选取样本,要考虑研究总体范围、抽样的随机化、样本的代表性、合理的样本数量等因素.

(8) 编制工具

调查需要通过某种形式或工具去收集资料,如果是以观察为主的研究,需要编制观察记录表;如果是以测量为主的研究,需要编制教育测验或心理测验量表;如果是以调查为主的研究,则需要编制调查问卷. 研究工具一般随研究方法而定,工具并非都要自行编制,若有合适的现成量表或测验,则可选择应用.

(9) 制定调查的工作计划

划分工作阶段和程序,明确每一阶段的工作任务和要求,估算每阶段需要的工作时间,确定研究的组织形式,列出研究人员之间的分工职责、合作项目和研究经费的预算等,也包括研究经费的筹集、设备资料的准备、工作人员的培训和研究进度的安排.

教育调查的准备阶段是一项研究活动的起点,是为后面步骤奠定基础的阶段,因此非常重要. 如果准备工作比较充分,就能抓住现实中的关键问题,明确调查的中心和重点,避免盲目性,使调查的实施比较顺利. 实践证明,许多调查最后不能得出正确可信的结论,往往是由于没有严谨细致地做好调查的准备工作.

2. 调查阶段

调查阶段是整个调查研究过程中最关键的阶段,它的任务是按照调查设计的内容和要求系统、客观、准确地收集有关资料. 研究资料的收集可以通过不同的方式进行,如通过现场观察、实施测验、邮寄问卷、当面交谈、电话访问等收集现实资料. 此外,还可以通过查阅文献档案、收集个人记录等获取相关资料. 收集资料既要考虑研究的目的和内容,也要考虑材料的明确程度、范围的宽窄、聚焦点的大小、数据的性质等因素. 资料的客观性、准确性是一项研究成功的基本保证,为了获得真实可靠的资料,应注意三方面的问题:一方面要熟悉被调查者及其生活环境;另一方面要协调好外部工作,获得被调查的地区、单位与个人的支持与协助;第三方面要对调查的过程进行监控,在调查的过程中及时总结工作经验,确保所收集的资料的质量.

3. 分析总结阶段

分析总结阶段的主要任务是在全面占有调查资料的基础上,对资料进行系统的整理、分类、统计和分析,并写出研究报告以及对研究的成果进行评估和应用.本阶段主要包括以下七个步骤.

(1) 资料的整理

对收集到的资料的真实性、准确性、完整性等进行审查,并通过分类、分组和编辑汇总等,将大量的原始资料简化、系统化、条理化,使之适宜于进一步分析.

(2) 统计分析

对统计调查研究而言,要运用统计学的方法研究现象的数量关系,揭示事物的发展规模、水平、结构和比例等,为进一步进行思维加工、检验假设和理论、描述研究成果,提供准确、系统的数据.

(3) 思维加工

运用逻辑思维的方法以及与调查课题有关的学科的理论和方法,对整理后的文字资料和统计分析后的数据进行分析研究.分析研究资料一定要紧扣研究问题和研究假设来概括研究的发现,说明现象的因果关系和规律,检验原有的研究假设,得出结论.如果是应用性的调查,还应进一步提出对策和建议.

(4) 撰写调查研究报告

调查研究报告使研究结果用符号的形式保存下来,这样才能产生社会价值,成为人类精神财富的一部分.研究报告的内容包括研究问题、研究方法、研究结果、讨论与分析、结论与建议等部分.调查研究报告除了要说明调查结论,还要对调查过程、调查方法以及调查中的一些重要问题或下一步研究的设想等进行系统的叙述和说明.调查报告的写作要求简洁明了、客观可靠、通俗易懂.

(5) 对调查研究成果进行评估

主要从科学性和研究价值这两方面进行系统分析,检查本项调查研究在方法、程序、事实、数据、统计分析、逻辑推理、研究结论等方面是否有错误,对研究成果的理论价值和应用价值进行客观评价.

(6) 对调查工作的总结

总结本次调查研究工作中的优缺点,寻求改进调查工作的途径,为今后的调查研究提供一个良好的借鉴.

（7）调查研究成果的应用

将调查报告中的研究成果应用到实践领域或理论领域,应用的方式主要有公开出版、学术讨论和交流、政策论证、内部简报或汇编等.调查研究报告不能束之高阁,而应当把研究成果发掘和利用起来,为实践服务.

分析总结阶段实际上是对系统收集来的资料进行思维加工,得出一些理性的认识结论,然后返回到调查研究的出发点,即对教育领域中某一理论问题或实践问题进行解答,以便深化对教育的认识或制定解决问题的方针、政策和措施.由此可见,教育调查研究的五个步骤和三个阶段是一个相互关联的、完整的循环过程.在进行一项调查研究时,如果能有一幅"全景式"的研究过程的规划图在心中,那么也就具备了进行初步科研的能力了.

二、问卷调查法

（一）问卷调查法的涵义

问卷调查法是研究者通过事先设计好的问题来获取有关信息和资料的一种方法.研究者以书面形式给出一系列与研究目的有关的问题,让被调查者作出回答,通过对问题答案的回收、整理、分析,获取有关信息.问卷调查法是教育调查中最常用的收集资料的方法,在教育调查中被广泛使用.

（二）问卷调查法的优缺点

1. 问卷调查法的优点

（1）高效.问卷调查之所以被广泛使用,最大的优点是它简便易行、经济节省.问卷调查可以节省人力、物力、经费和时间,无需调查人员逐人或逐户地收集资料,可采用团体方式进行,也可通过邮寄发出问卷,有的还直接在报刊上登出问卷,这对调查双方来说都省时省力,可以在很短时间内同时调查很多人.因此,问卷调查具有很高的效率.问卷资料适用于计算机处理,也节省了分析的时间与费用.

（2）客观.问卷调查一般不要求调查对象在问卷上署名,采用报刊和邮寄方式进行问卷调查,更增加其匿名性,有利于调查对象无所顾忌地表达自己的真实情况和想法.特别是当问卷内容涉及一些较为敏感的问题和个人隐私问题时,在匿名状态下,调查对象往往愿意表达自己的真实情况和想法.

(3)统一.问卷调查对所有的被调查者都以同一种问卷的提问、回答的形式和内容进行询问,这样有利于对调查对象的平均趋势与一般情况作比较分析.

(4)广泛.问卷不受人数限制,调查的人数可以较多,因而问卷调查涉及的范围较大.为了便于调查对象对调查内容方便容易地作出回答,往往在设计方面给出回答的可能范围,由调查对象作选择.这种对回答的预先分类,有利于从量的方面把握所研究的教育现象的特征.由于问卷调查大多是使用封闭型回答方式进行调查,因此,在资料的搜集整理过程中,可以对答案进行编码,并输入计算机,进行定量处理和分析.

2. 问卷调查法的局限

(1)缺乏弹性.问卷中大部分问题的答案由问卷设计者预先划定了有限的范围,缺乏弹性,这使得调查对象的作答受到限制,从而可能遗漏一些更为深层、细致的信息.特别是对于一些较为复杂的问题,仅靠简单的填答难以获得研究所需要的丰富材料.

(2)容易误解.问卷发放后由调查对象自由作答,调查者为了避免引起调查对象的顾虑,不当场检查被调查者的填答方式是否正确或是否有遗漏,这就不可避免地出现一些被调查者漏答、错答或回避回答一些问题的现象.

(3)问卷的回收率和有效率比访谈调查低.在问卷调查中,问卷的回收率和有效率必须保证有一定的比率,否则,会影响到调查资料的代表性和价值.因无法控制被调查者,回收率不能保证.特别是邮寄发出问卷的寄还,靠调查对象的自觉和自愿,没有任何约束,所以往往回收率不高,这就对样本所要求的数量造成一定的影响.

(4)真实性难以检验.问卷所得到的回答的真实性难以检验,收集到的事实或意见真假难以分辨或核实,没有人能确切知道回答的真实性程度.问卷回答是调查对象说的,不一定是实际做的或真实存在的东西.

(5)所提问题难以客观化.任何形式的提问和答案都会在一定程度上暗示该答什么,不该答什么.

　　问卷调查法有上述的优势和局限,所以它有自身所适用的范围.由于问卷调查法使用的是书面问卷,问卷的回答有赖于调查对象的阅读理解水平,它要求被调查者首先要能看懂调查问卷,能理解问题的含义,懂得填答问卷的方法.而在现实生活中,并不是所有的人都能达到这样的文化程度,因此它只适用于有一定文化水平的调查对象.从被调查的内容看,问卷调查法适用于对现时问题的调查;从被调查的样本看,适用于较大样本的调查;从调查的过程看,适用于较短时期的调查;从调查对象所在的地域看,在城市中比在农村中适用,在大城市比在小城市适用;从调查对象的文化程度看,适用于初中以上文化程度的对象.

(三) 问卷的结构

　　运用问卷调查,关键在于问卷的设计,问卷设计的质量直接关系到调查的过程与调查的结果.因此,编制问卷是问卷调查中十分重要的一个环节.优秀的设计既要体现调查研究者的意图,也要将需要了解的问题明确无误地让被调查者理解.一份完整的问卷,一般包括标题、前言、指导语、问题、选择答案、结束语等.

1. 标题

　　标题是调查内容的高度概括,它既要与调查研究内容一致,又要注意对被调查者的影响.

2. 前言

　　前言是问卷最前面的一个开头,有人称之为封面信.前言一般包括以下内容:

　　(1) 调查的内容、目的与意义;

　　(2) 关于匿名的保证,消除被调查者的顾虑;

　　(3) 对被调查者回答问题的要求;

　　(4) 调查者的个人身份或组织名称;

　　(5) 若是邮寄的问卷,写明最迟寄回问卷的时间;

　　(6) 对被调查者的合作与支持表示感谢.

3. 指导语

　　指导语主要是用来指导被调查者填写问卷的一组说明或注意事项,如果需要,还可以附有样例.指导语要简明易懂,使人一看就明白如何填写(如果设计

的问卷题型比较单一,这部分的内容可以与前言部分合在一起). 通常来说,指导语主要有以下几种类型:

(1) 对所选答案做记号的说明

一般用圆括号"（ ）"或方框"□"来限定答案前或后的空间,并要求回答者在其要选择的答案前或后的圆括号或方框内做记号. 例如:请在你所选答案前的括号内打上"√".

(2) 选择答案数目的说明

如果问卷的题型有多种,指导语一般在填写须知中说明;如果问卷的题型不多,也可以直接写在问题的后面,如"选择一项"、"有几项选几项"、"可以多选"等.

(3) 填写答案要求的说明

如果遇文字提示"可以多选",则可选择多于一个的选项,只要你认为合适的都要选上;凡在回答中需选择"其他"一项作为答案的,请在后面的"＿＿＿"中用简短的文字注明实际情况.

(4) 答案适用于哪些被调查者的说明

问卷中有的问题可能只是适用于某一类人. 当这类问题出现时,可说明由特定的一类人填写,其他的人则跳过这些问题.

4. 问题与选择答案

问题和选择答案是问卷的主体部分. 问题是问卷的核心内容,编制的问题要简洁明了,要适应被调查者的程度,符合研究的目的要求. 至于用开放式问题还是封闭式问题,则应根据实际情况而定. 采用封闭式问题要按标准化测验的要求设计题目和答案,答案要准确,符合实际,便于选择.

5. 结束语

结束语要对被调查者的合作再次表示感谢,以及提醒被调查者不要漏填和进行复核. 这一表达方式的目的在于显示调查者的礼貌,督促被调查者完整准确回答问题,以免漏答、错答. 一般采用以下的表达方式:问卷到此结束,请您再从头到尾检查一次是否有漏答与错答的问题. 最后,衷心地感谢您对我们调查的热情支持!

（四）问题的类型

问卷一般是由一系列问题组成的，这些问题具有不同的类型和不同的回答方式. 要编制一份好的问卷，首先要准备符合研究课题要求的、有利于被试回答的一系列问题.

1. 直接问题和间接问题

直接问题是针对所要了解的内容，直接向被试提问的一种方式. 这种问题具体明确、直截了当，可用于了解被试对一些问题的看法和切身的感受. 如"你是否喜欢自己的工作？"、"你对现在的待遇满意吗？"、"你认为学生的负担重吗？"等.

间接问题是与所要了解的内容有关，但又不是直接对这个内容提问的问题. 有时对一些内容直接提问可能不好回答，或不能准确地认识这个问题，就需要通过了解与这个内容有关的一些事情，来确认这个问题的性质. 如要了解学生是否负担过重，不是直接问被试负担重不重，而是问一些与之有关的问题. 如"你每天用多长时间看电视？"、"你常看课外书吗？"、"你做作业的时间一般是多长？"、"每天睡觉的时间有多少？"等，间接问题往往更能具体地反映事情的真实情况.

2. 具体问题和抽象问题

具体问题是直接从具体的事情出发，向被试问一些事实. 如"班里有多少名同学经常不交作业？"、"上课不爱发言的有哪几个同学？"、"上课不遵守纪律的有哪些同学？"等.

抽象问题是征求被试对一些问题的看法，需要回答人说明自己观点的问题. 回答抽象问题需要经过认真思考，说出自己对这个问题的看法. 如"你认为学生学习差的主要原因是什么？"、"怎样解决学生负担过重的问题？"等. 显然，抽象问题回答起来要比具体问题难得多.

3. 封闭式问题和开放式问题

（1）封闭式问题

封闭式问题也叫结构式问题，有固定的答案，由被试通过填空或选择的形式完成的问题. 一般有以下几种形式：

① 是否式问题. 问题的答案只有"是"或"不是"，"同意"或"不同意". 回答

时,根据实际情况或对问题的认识回答"是"或"不是".如:我回到家里总是马上做作业(是,不是),我喜欢上数学课(是,不是).

② 选择式问题.需要回答者从一组答案中选择最合适的一个或几个答案.如下面几个问题是从多个答案中选择一个答案的问题.

a.你现在的学历是(　　).

A. 中学　　　　　B. 中专　　　　　C. 大专　　　　　D. 大学

E. 研究生

b.学生在学习上失去信心的主要原因有(　　).

A. 家庭影响　　　B. 社会环境　　　C. 教学方法　　　D. 同学关系

E. 教师态度　　　F. 气候变化

③ 排序问题.这种问题要求对于某件事情,按照你认为的重要性或先后次序将给出的几个答案排序.如:

你为什么对读书感兴趣? 对以下几个答案按重要性依次填1、2、3、4.

(　　)因为我家里有许多书.

(　　)因为读书能使学习成绩好.

(　　)因为读书能获得新知识.

(　　)觉得挺好玩.

④ 填表格式的问题.把一些具有固定答案的问题制成表格,用填表的方式回答问题.这样的问题多是有关被试的个人基本情况的问题.如:

性别	职业	工资级别	职称	出生年月

⑤ 划记式问题.按同意或不同意,在答案上分别打"√"或"×".如:

关于你对考试的看法,请在你认为符合你的情况前打"√",在不符合你的情况前打"×".

(　　)考试前我非常紧张.

(　　)考试名次的前后是促使我努力学习的动力.

(　　)如果不是为了考试,我就不想看教科书.

⑥ 顺序式量表(李克特量表).是将每一个问题分为若干个不同程度的答案,每一个答案作为一个数字对应点,回答者在他认为合适的答案的对应点上打"√"或在相应的字母上画记号.通常将这样的点分为 5 个等级,在分析结果时,可以将每一个点指定为 1~5 或 0~4 的数值,这样可以把相应问题的调查情况用分数表达出来,以便把一个问题或某一类问题进行统计,进而深入了解有关问题.这样的问题一般是给出一个表述某种意见的句子,后面标出表明对这一语句态度的带有顺序的答案.

(2) 开放式问题

开放式问题指在问卷中只提出问题,不提供答案,由被调查者自由回答.如向中学生调查:"你希望将来从事什么职业? 为什么?"、"你认为世界名著对你的成长有什么影响?"等.由于回答问题不受限制,被调查者可根据自己的意愿回答,畅所欲言,充分发挥主动性和创造性,调查往往能获得一些意想不到的、富有启发性的信息.开放式问题制作容易,问题简单、直接,易于作定性分析,但是数据处理较困难.

开放式问题常用于描述性的研究或较为复杂问题的研究,被调查者能按自己的理解来回答问题,可以比较真实地反映他们的态度、观点.这些问题对深入研究、发现新的问题具有重要意义.另外,当研究者无法把握问题答案时,也常采用开放式问题,作一种试探性的、预测性的研究,以作为编制封闭式问题的基础.例如,研究者不清楚现在家长最关心孩子的什么问题,他无法罗列可供选择的所有答案,因此他先用开放式问题收集家长的各种想法,然后对各种想法分类整理,最后再形成封闭式问题.

开放式问题与封闭式问题各有优缺点.开放式问题可充分获取各种可能的信息,但作答较费时,不像封闭式问题那样简易明了,并且对数据归类、分析也较费时.

(五)问卷调查法的实施程序

1. 明确调查目的

在进行问卷调查的过程中,调查目的是首先要考虑的问题.因为调查目的是问卷设计的灵魂,是问卷调查的出发点和中心,它决定着调查的一切方面,如调查对象的选择、调查范围的确定、调查内容的设计、调查结果的分析. 因此,在问卷调查的开始阶段,首先应该明确调查目的.

2. 确定问卷的内容

一般来说,问卷调查常常用于了解个人态度或具体行为等方面的问题. 为了解不同群体对问题的态度和选择,在制作问卷时,都会在问卷中安排"个人基本情况"这一部分内容. 因此,问卷的主体常常由三部分组成,也就是个人基本资料(事实问题)、态度问题以及行为问题.

(1) 个人基本资料

一份问卷主体部分的开头,会请被调查者填写一些个人的基本资料. 个人基本资料的组成部分,往往需要填写性别、年龄、职业、受教育程度等.

(2) 态度问题

态度问题对教育研究有重要意义,除了只调查行为问题的问卷外,一般的问卷调查,都会涉及态度问题. 态度问题包括两个方面:一方面是有关意见方面的,如意见、看法. 相对而言,"意见"属于暂时性的看法,如对一节课的看法,或对一次活动的态度. 意见问题是想了解被调查者对某些具体的、一般的事物或行为的看法,它可以随着时间或个人情况的变化而变化. 比如"你对昨天公开课老师课堂提问数量的看法"或者"你是不是赞成由快餐公司解决午饭问题"这类问题,都不是涉及行为或事件深层次的问题,而是对于行为或事件的一般表态. 另一方面是有关价值或人格方面的观念. 这属于"态度"问题中相对深层而持久性的认识,如世界观、人生观、道德观等等. 调查者对这些问题多半是精心设计,以了解教育领域的改革与发展趋势与人们态度的吻合程度.

由于属于深层次的态度问题,是较复杂的变量,单独分析往往会有较大的误差,所以就出现了另一类专门调查"态度问题"的量表,即态度量表. 态度量表中把变量分为几个部分,不是一题一题的算结果,而是把整个总分或分组分数合起来算,这样,可以与其他变量求相关,可以计算信度系数,也可作因素分析. 从研究科学性的角度说,任何一种表示个人较深层次的态度,都不可能用一两个问题就涵盖,往往需要用四五个甚至七八个问题才能确定.

(3) 行为问题

这部分问题了解的是被调查者的实际行为,包括过去的行为和现在的行为.例如我们可以问学生:本学期你参加几个课外兴趣班? 你每天晚上花多少时间做作业? 你平均每周上网几个小时? 这类问题的目的是了解被调查者的实际行为,这些实际行为可能因年龄、性别、父母职业、父母受教育程度而有差异.在考虑问题时,要尽量把这类问题放在一起,问题要清楚合理,符合被调查者的实际情况.以下是对教师行为的调查.

(1) 您所使用的课件一般是_____.

A. 自己设计制作的   B. 现成的

(2) 在课件制作和使用过程中,您所需要的设备是_____.

A. 电脑   B. 实物投影仪   C. 扫描仪   D. 光盘刻录机

E. 数码相机   F. 打印机   G. 其他

(3) 制作一堂课的课件您一般需要花费的时间是_____.

A. 1 小时以内   B. 1 至 2 小时   C. 2 至 3 小时   D. 3 至 4 小时

E. 4 小时以上

3. 编制问卷

(1) 初步拟定问卷的题目

确定问题是问卷设计的关键.在对调查目的和内容有了比较清楚的了解后,就可以确定问卷的提纲,然后设计问卷初稿,比较规范的做法是采用卡片法或框图法.

卡片法是把初步考虑的每一个问题和答案写在卡片上,每一题一张卡片.所有的问题和答案都考虑好以后,接下去按问题内容将卡片分类,再按一定的顺序排列,最后将调整好的卡片写到纸上或输入电脑,形成问卷.

框图法是把问卷各个部分按一定的顺序编制成一个框架图,然后再写出每一部分的问题及答案,最后通过补充、修改、调整后形成问卷.

(2) 问卷题目数量的控制

一般来讲,一份问卷的题目应该控制在 70 题以内.如果问题较难回答,要考虑相应减少题目的数量.

(3) 回答问卷时间的控制

一般情况,让被调查者完成一份问卷的时间大约在 30 分钟左右.如果时间太短,调查的内容和范围往往受到局限;如果时间太长,被调查者往往会产生厌烦心理以致影响问卷调查的效果.

4. 问卷的试用与修改

（1）问卷的试用

设计好的问卷，一般要经过反复多次的修改才能完成初稿. 由于问卷调查一旦进行，发现错误就无法弥补，所以设计好问卷初稿以后还必须经过试用和修改这两个环节，才能用于正式调查. 试用是将问卷初稿打印若干份（具体份数视调查样本决定，一般是 30 份至 100 份左右），在正式调查的总体中抽取一个小样本进行试探性调查，以便了解问题是否全面、清楚，问卷内容和形式是否正确，填答是否完整，是否能满足调查的要求，问卷的编码、录入、汇总过程是否准确等.

还有一种检验初稿的方法是将设计好的问卷（一般 3～10 份），分别送给有关专家、研究人员以及典型的被调查者，请他们检查和分析问卷初稿，并根据他们的经验和认识对问卷进行评价，提出存在的问题和修改意见.

（2）问卷的修改

根据试用情况，或有关专家、研究人员提出的修改意见，为提高问卷的信度和效度，对问卷进行修订，如果有必要可再进行试用，直至完全符合要求，最终定稿.

5. 问卷的发放与回收

问卷调查的质量不仅取决于问卷的设计，也取决于问卷从发放到回收各个环节的工作.

（1）问卷的发放

问卷发放时必须关注两个问题：一是要有利于提高问卷的填答质量，二是要有利于提高问卷的回收率. 送发问卷可以由调查者本人亲自到现场发放问卷，也可以委托其他人发放问卷，两者各有优缺点. 委托其他人出面发放问卷会比较方便，但是如果调查者能亲自到场发放，则能亲自作解释，这对于提高问卷的填写质量和回收率是有好处的. 另外，不管是调查者本人到场发放问卷还是委托他人发放，都必须征得有关组织的同意，取得他们的支持与配合，这是送发问卷调查能否取得成功的一个重要条件.

（2）问卷的回收

问卷回收时要当场粗略地检查填写的质量，主要检查是否有漏填和明显的错误,以便能及时纠正,保证问卷有较高的有效率.因为问卷收回去后,再发现问题就无法更正了,如果无效问卷多,就会影响调查质量.

根据统计,报刊投递问卷的回收率约为 10％～20％;邮寄问卷的回收率约为 30％～60％;送发问卷的回收率约为 70％～90％;访问问卷的回收率可达100％.根据有关专家研究测定,成功的问卷回收率应达到 70％以上,而 50％的回收率是送发问卷调查的最低要求,如果回收率不到 50％,调查结论的可靠性就难以保证.

三、访谈调查法

调查法是教育教学研究中最基本的常用的一种研究方法,在实际运用这一方法时,又有书面的问卷调查和实地的访谈、座谈等具体方法.问卷调查、访谈、座谈共同体现了调查法的特点和要求,在实际调查中,不能靠其中的一个方法,而应要综合运用,它们之间也可相互印证调查信息和结果.我们常常对调查法以问卷调查来代替,这是不恰当的、不全面的,甚至会影响调查法的科学性.

(一)访谈调查法的含义

访谈调查法又称访谈法、谈话法或访问法,是指调查者通过与研究对象交谈收集所需资料的调查方法,是一种研究性交谈.也就是两个人(或更多人)之间一种有目的的谈话,其中由访谈员一方通过询问来引导被访者回答,以此了解调查对象的行为或态度,最终达到调查目的.从本质上说,访谈和问卷都是沟通的过程,沟通的目的都在于获取研究所需的第一手资料,不同的是访谈是以口头语言的问答来搜集信息,被访者是先听后说,问卷则是以书面语言的问答来搜集信息,被访者是先读后写;访谈通常是面对面的直接言语接触,问卷则是通过纸与笔的间接言语接触.在教育调查中,所用的访谈和一般情况下的谈话不同,它是研究性的谈话.研究性的访谈与一般的谈话最本质的区别是:研究性的访谈是一种有目的、有计划、有准备的谈话,它的针对性很强,谈话的过程紧紧围绕着研究的主题展开,而一般情况下的谈话,是一种非正式的谈话,它没有明确的目的,随意性较强.

(二)访谈调查法的特点

访谈调查不同于问卷调查,它是调查者与被调查者面对面直接交谈,获取信息的方法.一般用于调查对象较少的情况,也可与问卷、测验调查配合使用.这种方法的优点是可以直接观察到调查对象的非语言行为,获得感性材料.因此,对较深层次的探索性研究及文化程度低的调查对象有很重要的意义.

1.访谈调查法的优点

(1)灵活

第一,访谈调查是访谈员根据调查的需要,以口头形式,向被访者提出有关问题,通过被访者的答复来收集客观事实材料.这种调查方式灵活多样,方便可行,可以按照研究的需要向不同类型的人了解不同类型的材料.

第二,访谈调查是访谈员与被访者双方交流、双向沟通的过程,这种方式具有较大的弹性.访谈员在事先设计调查问题时,是根据一般情况和主观想法制定的,有些情况不一定考虑得十分周全.在访谈中,可以根据被访者的反映,对调查问题作调整或展开.如果被访者不理解问题,可以提出询问,要求解释;如果访谈员发现被访者误解问题也可以适时地解说或引导.

(2)准确

第一,访谈调查是访谈员与被访者直接进行交流,可以通过访谈员的努力,使被访者消除顾虑,放松心情,作周密思考后再回答问题,这样就提高了调查材料的真实性和可靠性.

第二,访谈调查事先确定访谈现场,访谈员可以适当地控制访谈环境,避免其他因素的干扰,灵活安排访谈时间和内容,控制提问的次序和谈话节奏,把握访谈过程的主动权,这有利于被访者更客观地回答访谈问题.

第三,由于访谈流程速度较快,被访者在回答问题时常常无法进行长时间的思考,因此所获得的回答往往是被访者自发性的反应,这种回答较真实、可靠,很少掩饰或造假.

第四,由于访谈常常是面对面的交谈,因此拒绝回答者较少,回答率较高.即使被访者拒绝回答某些问题,也可大致了解他对这个问题的态度.

（3）深入

第一，访谈员与被访者直接交往或通过电话、上网间接交往，具有适当解说、引导和追问的机会，因此可探讨较为复杂的问题，可获取新的、深层次的信息.

第二，在面对面的谈话过程中，访谈员不但要收集被访者的回答信息，还可以观察被访者的动作、表情等非言语行为，以此鉴别回答内容的真伪和被访者的心理状态.

2. 访谈调查法的局限

（1）成本较高

访谈调查常采用面对面的个别访问，面对面的交流必须寻找被访者，路上往返的时间往往超过访谈时间，调查中还会发生数访不遇或拒访，因此耗费时间和精力较多；另外较大规模的访谈常常需要训练一批访谈人员，这就使费用支出大大地增加. 与问卷相比，访谈要付出更多的时间、人力和物力. 由于访谈调查费用大、耗时多，故难以大规模进行，所以一般访谈调查样本较小.

（2）缺乏隐秘性

由于访谈调查要求被访者当面作答，这会使被访者感觉到缺乏隐秘性而产生顾虑，尤其对一些敏感的问题，往往会使被访者回避或不作真实的回答.

（3）受访谈员影响大

由于访谈调查是研究者单独的调查方式，不同的访谈员的个人特征可能引起被访者的心理反应，从而影响回答内容；而且访谈双方往往是陌生人，也容易使被访者产生不信任感，以致影响访谈结果；另外，访谈员的价值观、态度、谈话的水平都会影响被访者，造成访谈结果的偏差.

（4）记录困难

访谈调查是访谈双方进行的语言交流，如果被访者不同意用现场录音，对访谈员的笔录速度要求就很高，而一般没有进行专门速记训练的访谈员，往往无法很完整地将谈话内容记录下来，追记和补记往往会遗漏很多信息.

（5）处理结果难

访谈调查有灵活的一面，但同时也增加了这种调查过程的随意性. 不同被访者的回答是多种多样的,没有统一的答案,这样,对访谈结果的处理和分析就比较复杂,由于标准化程度低,就难以作定量分析.

由于访谈调查收集信息资料,主要是通过访谈员与被访者面对面直接交谈方式实现的,具有较好的灵活性和适应性,又由于访谈调查的方式简单易行,即使被访者阅读困难或不善于文字表达,也可以回答,因此它尤其适合于文化程度较低的成人或儿童调查对象,适用面较广.

访谈调查法被广泛运用于教育调查、心理咨询、征求意见等,适用于向被访者了解心理体验、情感,以及对某一事物的意见、态度、评价等方面的信息,更多用于个性、个别化研究;它适用于调查的问题比较深入、调查的对象差别较大、调查的样本较小,或者调查的场所不易接近等情况.

(三)访谈调查法的类型

访谈一般以面对面的个别访谈为主,也可采用小型座谈会、调查会的形式进行团体访谈,还可以进行电话访谈.访谈既可以作为一种独立的研究方法,也可以作为其他研究方法中收集资料的辅助方法.

访谈调查法依据不同的分类标准,可以分为多种类型:

1. 以访谈员对访谈的控制程度划分

(1)结构性访谈

结构性访谈也称标准式访谈,它要求有一定的步骤,由访谈员按事先设计好的访谈调查提纲依次向被访者提问并要求被访者按规定标准进行回答.这种访谈严格按照预先拟定的计划进行,它的显著特点是访谈提纲的标准化,可以把调查过程的随意性控制到最小,能比较完整地收集到研究所需要的资料.这类访谈有统一设计的调查表或访谈问卷,访谈内容已在计划中做了周密的安排.访谈计划通常包括:访谈的具体程序、分类方式、问题、提问方式、记录表格等.

(2)非结构性访谈

非结构性访谈也称自由式访谈.非结构性访谈事先不制定完整的调查问卷和详细的访谈提纲,也不规定标准的访谈程序,而是由访谈员按一个粗线条的访谈提纲或某一个主题,与被访者交谈.这种访谈是访谈双方相对自由和随便的访谈,这种访谈较有弹性,能根据访谈员的需要灵活地转换话题,变换提问方式和顺序,追问重要线索.所以,这种访谈收集的资料会更深入更丰富.通常,质的研究、心理咨询和治疗常采用这种非结构性的"深层访谈".

（3）半结构性访谈

在教育调查中采用的访谈形式,还有一种是介于结构性访谈和非结构性访谈之间的半结构性访谈.在半结构性访谈中,有调查表或访谈问卷,它有结构性访谈的严谨和标准化的题目,访谈员虽然对访谈结构有一定的控制,但给被访者留有较大的表达自己观点和意见的空间,访谈员事先拟定的访谈提纲可以根据访谈的进程随时进行调整.

2. 以调查对象数量划分

（1）个别访谈

个别访谈是指访谈员对每一个被访者逐一进行的单独访谈,其优点是访谈员和被访者直接接触,可以得到真实可靠的材料.这种访谈有利于被访者详细、真实地表达自己的看法,访谈员与被访者有更多的交流机会,被访者更易受到重视,安全感更强,访谈内容更易深入,个别访谈是访谈调查中最常见的形式.

（2）集体访谈

集体访谈也称为团体访谈或座谈,它是指由一名或数名访谈员亲自召集一些调查对象就访谈员需要调查的内容征求意见的调查方式.集体访谈是教育调查研究中一种很好的方法,通过集体座谈的方式进行调查,可以集思广益,互相启发,互相探讨,而且能在较短的时间里收集到较广泛和全面的信息.参加座谈会的人员要有代表性,一般不超过 10 人.主持人一般不参加争论,以免堵塞与会者的思路,另外主持人还要做好详细的座谈记录.

3. 以人员接触情况划分

（1）面对面访谈

面对面访谈也称直接访谈,它是指访谈双方进行面对面的直接沟通来获取信息资料的访谈方式,它是访谈调查中一种最常用的收集资料的方法.在这种访谈中,访谈员可以看到被访者的表情、神态和动作,有助于了解更深层次的问题.

（2）电话访谈

电话访谈也称间接访谈,它不是交谈双方面对面坐在一起直接交流,而是访谈员借助某种工具(电话)向被访者收集有关资料.电话访谈可以减少人员来往的时间和费用,提高访谈的效率.电话访谈与面对面访谈的合作率相差不多,对于学校系统的成员(教师、校长等)通过电话访谈比通过个别访谈更容易成功(据估算,与面对面的访谈相比,电话访谈大约可节约二分之一的费用).电话访谈也有它的局限性,比如,它不如面对面的访谈那样灵活、有弹性;不易获得更详尽的细节;难以控制访问环境;不能观察被访者的非言语行为等.

（3）网上访谈

网上访谈是访谈员与被访者,用文字语言进行交流的调查方式.网上访谈也属于间接访谈,它甚至比电话访谈更节约费用.另外,网上访谈是用书面语言进行的,这便于资料的收集和日后的分析.但是,网上访谈也有局限,如无法控制访谈环境,无法观察被访者的非语言行为等.同时,由于网上访谈要求被访者熟悉电脑操作以及有电脑配备、通讯和宽带等物质条件,这在一定程度上也限制了访谈的对象.

4. 以调查次数划分

（1）横向访谈

横向访谈又称一次性访谈,它是指在同一时段对某一研究问题进行的一次性收集资料的访谈.这种研究需要抽取一定的样本,被访者有一定的数量,访谈内容是以收集事实性材料为主,研究一次性完成.横向访谈收集内容比较单一,访谈时间短,需要被访者花费的时间较少,横向访谈常用于量的研究.

（2）纵向访谈

纵向访谈又称多次性访谈或重复性访谈,它是指多次收集固定研究对象有关资料的跟踪访谈,也就是对同一样本进行两次以上的访谈以收集资料的方式.纵向访谈是一种深度访谈,它可以对问题展开由浅入深的调查,以探讨深层次的问题.纵向访谈常用于个案研究或验证性研究,这种访谈常用于质的研究.按照美国学者塞德曼的观点,深度访谈至少应进行3次以上.

访谈调查法的类型多种多样,一个访谈可能同属于两种类型,比如有时面对面访谈也同时是纵向访谈,或非结构性访谈,集体访谈也同时是结构性访谈,访谈员可根据研究的具体需要扬长避短,灵活运用.

(四)访谈调查法的实施程序

访谈是一种互动的社会交往过程,在这种互动过程中,调查者只有与调查对象建立起基本的信任与一定的感情,并根据对方的具体情况进行访谈,才能使被访问者积极提供资料.这就要求访谈人员必须具备良好的访谈技能,并能掌握和灵活运用访谈的各种技巧.一般来说,访谈分为访谈准备、访谈过程的控制、结束访谈等几个阶段.

1. 访谈的准备

(1)准备详细的访谈提纲

要根据研究的目的和理论假设,准备详细的访谈提纲,并将其具体化为一个个访谈问题.访谈的问题要能涵盖研究主题所涉及的范畴,又要有层次性,提问的方式、用词的选择、问题的范围要适合被访者的知识水平和习惯,简单明了,通俗易懂.问题编制完成后,最好请有经验的研究者或同行提出修改意见,有条件的话可进行小范围的"预访".

(2)了解被访者

访谈前尽可能收集有关被访者的材料,对其经历、个性、地位、职业、专长、兴趣等有所了解,了解得越清楚,访谈时就会越有针对性;要分析被访者能否提供有价值的材料;要考虑如何取得被访者的信任和合作.

(3)确定访谈的方式与进程

为了使访谈规范,能获得实效,须事先安排访谈行程,将访谈人员、被访者、访问日期及时间作适当的安排.访谈时间最好是被访者工作、学习不太繁忙,并且心情比较舒畅的时候.访谈的地点和场合的选择,要从被访者方便的角度考虑,要有利于被访者准确地回答问题,要有利于形成畅所欲言的访谈气氛.

(4)准备访谈所需的材料与工具

访谈前,要对访谈内容所涉及领域的相关知识有充分的了解,对有关材料作充分的准备,如访谈记录表、各种证明材料、证件、录音机、录音笔、摄像机等.

2. 访谈过程的控制技巧

访谈调查是人与人之间的交往活动,是社会互动的一种形式. 通常,被访者不会随意向"陌生人"提供资料,访谈的关键在于访谈员的言语表达艺术和交谈技巧. 提问、倾听、回应被认为是访谈中的三项主要工作. 在访谈中,这三项工作是相互依存,密不可分的.

(1) 提问要明确清晰

提问要尽可能清楚明确,用口语表达,语气婉转. 如果采用结构性访谈,就要按事先准备好的访谈问卷,依次提问,不可任意增删文字或更换题目顺序. 如果采用非结构性访谈,则要求所提问题短小、具体,避免使用含混、抽象的专业术语. 访谈员事先要熟悉访谈问卷的内容,熟悉每一个问题,发问的语气和态度不要咄咄逼人,要以平等的态度提问.

(2) 对回答不作任何评价地听

"接受地听"指的是访谈员主动接受和捕捉被访者给予的信息,注意他们谈话的实质和探询所说语言背后的含义. 这是开放型访谈中最基本的倾听方式,是访谈员理解被访者需要掌握的基本能力. 访谈员要给予对方积极的反馈,让被访者明白自己的角色. 如不时地使用"嗯"、"是"、"懂了"、"明白了"等非指导性的话语,或用点头、目光和手势等非语言信息鼓励被访者继续讲下去.

"建构地听"是指访谈员在倾听时积极地与被访者进行对话,在平等的交流中访谈员和被访者共同建构新的"现实". 在这种情况下,访谈员用自己的观点影响对方,得到了对方的接受和认可,从而使访谈的内容成为双方共同探讨的结果."建构地听"需要访谈员有较高的素质,有自我认识和反省的能力,能够与对方共情,通过双方互动达到对"现实"进行重构."建构地听"是以"接受地听"为基础的.

(3) 情感层面上的"听"

在听的情感层面上,可以有"无感情地听"、"有感情地听"和"共情地听".

"无感情地听"指的是访谈员在访谈过程中不仅不流露自己的感情,而且对被访者的感情表露也无动于衷,这样被访者就不会进一步敞开自己的思想.

"有感情地听"指的是访谈员在访谈过程中能对被访者所说的话表露自己

理解和认同的感情. 在这种情况下,被访者往往会因为受到对方的感染,愿意表达自己的情感. 被访者感到自己的情感可以被对方接纳,就会比较自由地表达自己的思想和情感.

"共情地听"指的是访谈员在倾听中与被访者在情感上达到了共鸣,双方同欢乐,同悲伤. 这种听并不是访谈员居高临下地理解,而是从心底里确实体会到了对方的哀乐,产生了心灵的共鸣. 这种听需要访谈员有较高的素质,能有宽广的胸怀去接纳其他人的不同情感.

(4) 回应的技巧

回应指的是访谈员对被访者在访谈过程中的言行所作出的反应,包括言语反应和非言语反应. 回应的目的是使自己与对方建立起一种对话关系,及时地将自己的态度、意向和感觉传递给对方,回应会影响到被访者的谈话内容和积极性. 常用的回应类型有以下几种.

第一,认可. 认可指的是访谈员对被访者所说的话表示已经听见,希望对方继续说下去. 其方式包括言语行为:"嗯"、"对"、"是的"、"是吗"、"很好";非言语行为:点头、微笑、鼓励的目光. 认可是为了维持谈话,使对方感到自己被重视、接受和欣赏,从而起到鼓励对方多说话的作用.

第二,重复、重组和总结. 重复指的是访谈员将被访者所说的事情重复说一下,如被访者没有听清楚所提的问题,访谈员可以适时重复一遍. 例如,"你也许没有听清楚我刚才提出的问题,我再说一遍……". 重组指的是访谈员将对方所说的话换一个方式说出来. 总结指的是访谈员将对方所说的内容用一两句话概括出来. 这三者虽然形式不同,但都有类似的功能:为对方理清所谈的内容;检验自己对对方所谈内容的理解是否准确;表明访谈员在注意倾听并满怀兴趣,从而鼓励和促使对方继续往下说.

第三,澄清. 澄清是指如果访谈员不能确知被访者的意思,可请被访者重复描述一番,以澄清回答内容. 如:"我不完全懂你的意思,请你再解释一下." 澄清是访谈员对被访者谈话的反应,弄清楚是否理解了对方的陈述.

第四,追问. 追问指的是访谈员就被访者前面所说的某一个观点、概念、事件或行为进一步探询. 当被访者的回答不清楚、不完整或不合乎题目的意思时,需要访谈员接着提出一些问题,以获得满意的回答,这就是追问. 追问的目的是为了更多地了解事情的细节或对方的看法. 追问要适时,不要打断对方的思路,还要适合,不要追问对方表现出为难的问题.

第五,自我暴露. 成功的访谈员在访谈中并不总是听和点头微笑,在适当的时候也应该以适当的方式暴露自己. 自我暴露指的是访谈员就对方所谈的内容,通过述说自己的经历或经验作出回应. 这可以使被访者了解到访谈员曾有过与自己一样的经历和感受,从而拉近了双方的心理距离,使访谈关系变得比较轻松、平等. 如:"我小时候也很调皮,常常挨老师的批评."但是这种自我暴露要适当,避免喧宾夺主.

3. 结束访谈

访谈结束是访谈的一个十分重要阶段和步骤,而决不是无足轻重的一个细节. 一般情况下,被访者保持注意力的时间为:电话访谈 20 分钟左右;结构式访谈 45 分钟左右;团体访谈和无结构访谈不要超过 2 小时. 以上这些数据可供访谈人员实施访谈时参考. 至于一次访谈究竟花多少时间为宜,应根据访谈的实际情况灵活控制,以不妨碍被访者的正常工作和生活秩序为原则. 该结束谈话的时候,访谈者可有意地给对方一些语言和行为上的暗示,表示访谈可以结束了. 如:"您还有什么想要说的吗?"、"对今天的访谈您有什么看法?"或断开话题问对方:"您今天还有什么安排?"或做出准备结束访谈的姿态,如开始收拾录音机、合上记录本等.

4. 结束语

访谈结束时,不要忘了对被访者的支持与合作表示感谢. 应该向被访者表示通过访谈获得了很多有价值的材料和信息,学到了很多知识. 如果这次访谈尚未完成任务,还需进一步调查的话,那么必须与被访者约定下次再访的时间和地点,最好还能简要说明再次访问的主要内容,让被访者有个思想准备.

四、调查报告的撰写

撰写调查报告是调查的最后成果形式,它不是一般的工作总结,要具体而又简洁地作出科学分析. 调查报告的结构一般为:

1. 标题：主要反映所研究的问题，即说明主要调查内容、范围. 如"城市非重点中学高一学生数学学习兴趣的调查".

2. 作者：可署作者名或课题组名.

3. 前言：简明扼要介绍本调查研究的目的和意义.

4. 方法：介绍调查对象、取样方法、研究工具及材料、调查问卷的设计内容及方法、研究设计程序等.

5. 结果：呈现搜集到的数据的统计分析结果.

6. 讨论与分析：讨论结果的成因，分析现象的根源.

7. 结论：介绍调查研究的全部成果，每个结论都应有数据的支持.

8. 参考文献：列出引用文的出处.

第四节　教育实验法

实验研究是搜集科学事实、获取感性材料的基本方法之一，也是形成、发展和检验理论的实践基础. 它最初运用于自然科学中，如我国古代《墨经》中记载的"针孔成像"、古希腊阿基米德计量"王冠"含金量，都是公认的古代科学实验的典型. 近代以来，实验法逐渐用于社会科学的研究. 在教育领域，自从1768年裴斯泰洛齐创办"新庄"实验学校，许多教育家相继创办各种实验学校，特别是拉伊和梅伊曼把实验科学的实验模式引入到教育研究中来，推动了实验法在教育教学各个方面的开展. 时至今日，教育实验法不仅成为推动教育科学研究、发展教育理论的首选方法之一，而且也是深化教育改革、提高教育质量的重要手段.

一、教育实验法概述

教育实验法是研究者运用科学实验的原理和方法，以一定的教育理论及其假设为指导，有目的地控制和操纵某些教育因素或教育条件，通过观测与所控制的条件相伴随的教育要素或教育现象变化的结果，来揭示教育活动规律的一种方法.

（一）教育实验法的基本含义

科学起源于观察.但简单的观察是在自然状态条件下等待观察对象的出现,相当程度上具有直观性和被动性,它既不能主动地操纵、干预观察对象,也难以排除其他因素对观察对象的影响和干扰,其结果很难确认事物间的因果联系,而只能对某种可能性的原因进行推测.科学的实验则是在变革中去观察和认识世界的,它是一种经过精心的设计,并在高度控制的条件下,通过操纵某些因素,来研究变量之间因果关系.一般来说,在实验过程中,研究者要通过引入(或操纵)一个变量(即自变量),并常利用实验组与控制组的对比、前测与后测的对比,来观察和分析它对另一个变量(即因变量)所产生的效果.从方法论上看,实验研究是基于实证主义的理论与背景的,是定量研究的一种特定类型.

将实验法运用于教育研究中就成为教育实验法.一般来说,教育实验有广义与狭义之分.狭义的教育实验是指在观察和调查的基础上,创设一定的情境,对研究的某些变量进行操纵和控制,以便人为地引起某种教育现象的发生、发展和变化,从而验证假设,揭示教育现象之间因果关系的一种教育研究方法.广义的教育实验则不仅包括狭义上的教育实验,而且也包括所有新的、处于尝试阶段与变革阶段的教育活动与实践.另外,在教育实验研究发展的早期,以宏观的观察、思维为主要形式,以定性描述为主要手段,对社会改革性质或教育革新性质的干预性研究也被界定为广义的教育实验.我们这里要探讨的是以控制和操纵变量为手段,以揭示变量间的因果关系为目的的狭义上的教育实验.

（二）教育实验的条件

任何一项实验研究,都需要有实验者、实验对象和实验手段.实验者作为实验活动的主体,他必须根据预先对因果关系的假设以及实验的设计方案,进行一系列操作活动,以作用和影响实验活动的客体——实验对象(教育和心理实验中称为被试),被试在实验者的刺激、干预和控制中做出自己的反应,实验者对实验对象的反应进行检测、记录和分析,并从中做出因果关系的推论.由此可见,进行一项具体实验必须满足这样几个基本条件:

1. 必须建立变量之间因果关系的假设

教育研究的重要目的是要探讨变量间的关系,而变量之间的关系可有多种,实验研究的中心目标则是要探讨变量之间的因果关系,因为它最能说明变量之间联系的性质.因此,一项实验中至少要有两个变量:自变量和因变量.自变量是引起其他变量变化的变量,它是实验者所操纵和控制的变量,是对实验者起影响和刺激作用的变量,故也称作实验变量、刺激变量、原因变量;因自变量的变化而产生的现象变化或结果称为因变量,也称结果变量、反映变量等,它是由实验者观察的或记录的变量.在进行具体实验时,研究者必须事先确定其所要引入的自变量是什么,要测量的因变量是什么,并应明确地建立两个变量之间因果关系的假设.

2. 自变量必须能够很好地被"孤立"

一般来说,实验中除了自变量和因变量之外,还有其他的变量也可能对实验的结果发生影响,这类变量统称为无关变量或干扰变量,如进行两种教法的对比实验时,自变量是教学方法,因变量是教学效果,而教材的难度、教师的业务水平、教学能力、工作态度、学生的学业基础、智力水平、复习时间、家庭辅导等等都是无关变量.因此,在实验中,所要引入和观测其效果的自变量必须能够与其他无关变量隔离开,即实验环境能够很好地"封闭"起来."孤立"自变量的方法有很多,最基本的是通过实验组与控制组的对比来进行.实验组是实验过程中接受实验刺激(自变量作用)的那一组对象.即使是在最简单的实验设计中,也至少会有一个实验组.控制组也称为对照组,它是各方面与实验组都相同,但在实验过程中并未给予实验刺激的一组参照对象.控制组的作用是向人们显示,如果不接受实验刺激那样的处理,那么其结果是怎样的,以此与实验组形成对比,凸现出实验刺激的作用和影响.

3. 自变量(实验刺激)必须是可以改变的,同时也是容易操纵的

最简单的改变是"有"和"无",对应的操纵则是"给予实验刺激"和"不给予实验刺激";更为复杂的改变则是程度上的变化,比如刺激程度的"强"、"中"和"弱"以及刺激时间的长短等.因此,在一项具体实验中,通常需要对因变量(或结果变量)进行前后两次相同的测量:第一次在给予实验刺激之前,称为前测(pretest);第二次则在给予实验刺激之后,称为后测(posttest).研究者通过比较

前测和后测的结果,来衡量因变量在给予实验刺激前后所发生的变化,推断出实验刺激(自变量)对因变量所产生的影响.这种测量既可以是一次问卷调查,也可以是一项测验或实际操作.

4. 实验程序和操作必须能够重复进行

实验作为教育科学与自然科学在研究方法中最接近的一种方法,而且其程序和操作也是最严格的一种研究方法,可重复性是它必须具备的重要条件之一.从另一个角度说,实验的可重复性也是实验结果所具有的确定性(或信度)的重要基础.

二、教育实验的类型

依据划分的标准和层次的不同,现代教育实验可以有多种不同的分类.

(一)按教育实验的目的来分

1. 探索性实验

这类实验要探明造成某种现象的原因究竟有哪些,或者操纵某些条件会引起什么效果.它的特点是因素多,常将许多可能影响结果的因素组合在一起,进行比较、筛选、更新,实验规模小,对实验精度的要求也不高.例如,如果要发现造成学生网络成瘾的原因,就需要对各种可能引起学生上网成瘾的因素进行探索性实验.

2. 验证性实验

这类实验对研究课题已经比较明确,有了具体的假设和方案,实验只是为了验证假设是否成立,方案有怎样的效果.它的特点是问题十分明确,因素不多,实验规模较大,控制要求也比较高.例如,如果通过访谈知晓造成学生网络成瘾的主要因素是缺乏关爱和成就感,那么就可以以这两个因素为自变量来设计实验,以验证其真伪.但是,在很多教育实验中,往往既有探索性的成分又有验证性的成分,二者的界限并非十分明显,很多新的教育设想、方案的提出,既是一种探索和发现,同时也包含着对一切可供选择的方案的比较、筛选和确认.

（二）按教育实验进行的场所来分

1. 实验室实验

实验室实验是在专门特设的实验室内或在高度控制的、模拟的生活环境中进行的实验,这种实验对实验背景和变量的控制都比较容易,实验环境也可以较好地"封闭",实验者能够比较清楚确切地观察到自变量对因变量的影响,甚至可以比较精确地探讨自变量和因变量的函数关系,在有关学生心理方面的研究中有较多的应用.但是,实验室实验的局限性比较大,一是许多教育研究者感兴趣的内容常常无法在小小的实验室中人工地制造出来;二是实验的结果在推广性、普遍性和概括性上往往较差,因为实验室实验大多是以一定区域的学生为实验对象,而他们与众多不同区域的学生之间存在着许多差别,同时,实验室的环境与现实的教育环境之间的差别也很大,在实验室中得到的结果在现实中很可能行不通.

2. 现场实验

现场实验又称实地实验或自然实验,它是指在真实的教育背景与教育环境下,根据预定的计划,有意识地引起或改变所要研究的现象,以对其进行观察和分析.这类实验是在自然情况下进行的,被试验者并不知道是在做实验,因而他们的活动也是自然的,如此得出来的结果,才能更好地应用和推广;而且它比自然观察法更有组织性,更节省时间,因为它不是等待现象出现,而是引起或创造现象,可以在短时间内得出结论,并且是更精确的.但是,这类研究常常难以对众多有可能影响因变量的实验背景、实验条件进行控制,自变量的独立影响难以区分出来.

（三）按教育实验的控制程度来分

1. 真实验

实验设计必须具有一些必备的条件,如前所述,需要有自变量和因变量;需要随机指派实验对象以形成两个或多个同质的组,以便进行组与组之间的比较;需要进行前测和后测,以便对自变量作用的前后效果加以比较;需要对实验的条件和情境加以控制,以便将自变量的作用与其他因素的影响区分开来等等.严格按照这样的条件而进行的实验称为真实验,又称标准实验.真实验的实验条件的控制比较严格,实验结果的精确性也比较高,具有很好的内在效度和外在效度,但其适用的范围却非常有限.

2. 准实验

汉语中,"准"是"类似于"、"接近于"、"几乎是"或者"半"的意思,准实验就是指接近于真实验标准的一种实验研究,它对实验过程进行了某种程度的控制,但不能采用随机化方法分派被试.准实验具有一定的外在效度,但由于被试不是随机分派,对无关变量的控制还是不够的.

3. 前实验

前实验通常是一种在完全自然条件下的研究,它可以操纵自变量,但不对被试作专门的选择和处理,也不能对无关变量加以控制,目的只是为了识别自然存在的变量及其关系.

(四)按教育实验的面向来分

1. 单项单科实验

单项单科实验是指针对中小学教育教学中某门学科、某个课时、某一事项以及某一问题等而进行的实验研究,其基本目标是解决教育教学中遇到的困难,提高教育教学水平和教育质量,因而具有强烈的针对性与实用性.这种研究虽然是从单一问题入手的,但随着研究的深入,又不会停留在仅仅是为了一时、一校、一课、一书的改革需要,而会越来越注意到弄清某个教育现象内外各个因素之间的关系,并由单一地解决个别具体问题发展到探索带有规律性的现象;同时,从研究的内容看,也会包括中小学各门学科,课内、课外、校内、校外的全部教育领域,课程、教材、教法、学法的方方面面,以及学校教育的每一个方面,呈现出内容的广泛性.这种研究基本上是以教师为主体,教师、教研(科研)工作者、教育行政工作者三结合;个别研究、教研组集体研究与学校立项研究相结合;一校研究、多校协作研究与区域合作研究相结合,研究形式也趋向合作化.但这种"教研"因为带有明显的经验性,难以进行科学的评价,难以探索那些比较复杂的教育现象,这是其局限.

2. 整体性实验

整体性实验研究是对一所学校教育教学的整体事项及其改革活动所进行的研究. 它是由学校、家庭、社会共同努力,从指导思想、统筹规划、总体设计、结构调整上,对中小学教育改革进行宏观控制,从而创造良好教育环境和系统,探索中小学办学规律,促进学生知识的增长、道德品质的提升和身心的和谐发展. 这种研究是一种把改革、实验、探索、实践融为一体的实验研究,对我国中小学的改革与发展具有重要的探索与指导的意义.

三、教育实验法的特点与局限

这种根据教育研究课题的要求,按照预先设计的特定条件和过程,对研究对象进行控制和观察的教育研究方法,有着与其他教育研究方法不同的特点.

(一)教育实验法的特点

1. 主动操纵和控制实验变量

教育观察法与调查法都是在不干预研究对象的前提下去认识研究对象,发现其中的问题. 而教育实验法却能主动操纵、控制实验条件,人为地改变对象的存在方式、变化过程,使它服从于科学认识的需要.

2. 排除无关因素的影响

实验法要求根据研究的需要,借助各种技术与方法,减少、消除或恒定各种可能影响科学性的无关因素的干扰,在简化、纯化的状态下认识研究对象.

3. 揭示变量间的因果关系

科学研究的主要任务之一是要回答"为什么",即要揭示出研究变量间的因果联系. 实验法是按因果推论逻辑设计与实施的,它不仅常利用实验组与控制组的对比来确定变量的共变关系,用预测与后测来了解实验前后情况,决定变量发生变化的时间顺序,而且更重要的是采用各种控制方法、技术来改变研究对象的存在状态,排除无关因素的干扰,从而成为揭示变量间的因果联系的有效途径和必要方法.

4. 可重复验证实验的结果

科学实验的一个重要特征是它的客观性,因而,科学实验的结果可在条件相同的情况下得以重复和验证.从事教育实验的人,如果严格按照实验的规则和设计来进行实验,在相同条件下所得到的实验结果应是一致的,因此,他可以把实验的具体条件描述出来,使别的实验者重复它们,以便验证结果的可靠性与有效性.

5. 可精确记载实验的结果

教育实验对实验的条件和结果不再只是描述性、定性化的阐释,而可以对其进行精确化、数量化的记载和分析,其所表示的精确性是其他教育科学研究方法所不容易做到的.

6. 实验本身具有教育性

教育实验是实验性的教育实践活动,又是教育性的实验研究活动,是实验性和教育性的统一.作为一种科研活动,它与其他科学实验有着共同的实验性,即上面讲述的主动变革性、控制性、因果性、重复性和精确性;作为一种教育实践活动,它又有着不同于其他科学实验的个性,这就是它的"教育性".教育实验的教育性主要体现在四个方面:(1)一个教育实验工作者不仅是实验的设计者、组织者、实施者,同时又必须是一个教育者,必须在教育人的过程中研究教育,实验者与教育者的角色要融为一体.(2)教育实验的被试主要是学生,他们是教育的对象,研究者必须尊重他们的意愿,促进他们的发展,而不应有损害学生身心健康的事情发生.(3)教育实验更多地是在真实的社会环境和学校环境里进行的,而不是在专门的实验室中进行的,这种真实的环境本身就是一种教育情境和教育手段.(4)教育实验既要确认教育现象之间的因果联系,即旨在求真,又要探索有效的教育内容、教育方法、教育途径,即旨在求善.它既要以求真作基础和前提条件,又要以至善为出发点和归宿,即要受到真理标准与价值规范的双重制约.

(二)教育实验法的局限

如前所述,教育实验法与其他教育研究方法相比,可称得上是最严谨的方法之一.但正因为这一点,教育实验研究法在探讨实际情境下的教育问题时,却有很多的限制和不足.

1. 教育实验的变量控制难度太大

实验研究法所遵从的一个最高法则就是要把所有无关干扰变量全部予以控制,只留下单独的一个实验变量由实验者操纵,以观察因变量是否随自变量的变化而变化. 但教育科学研究的对象是实际教育情境中的个体,其情境或个体的本身都十分复杂,无法以实验室的控制方法将实验变量以外的其他变量完全分离出来操纵,所以,只好简化实验控制的条件.

2. 客观观察有一定的困难

客观观察是实验研究的必要条件,但在教育研究时,由于教育事件本身常与一定的价值规范相关联,研究者自己的态度、动机和价值观无形中会影响到观察和资料搜集的方向,客观的观察不容易完全做到.

3. 教育的可重复性比较差

实验研究的另一个要求是其可重复验证. 然而,教育事件的情境性比较强,常有一现即逝不再重现的可能,因此要像在实验室里复制别人研究的同一情境,或把别人的研究重复进行几次,可以说是一件十分困难的事情.

4. 现有测量工具仍无法十分准确地测量教育情境下的复杂行为

真实教育情境下的个体,其所表现的行为是极其复杂的,往往由许多因素交互作用在一起,构成复杂的关系,现有的测量工具仍难完整地测量它们,而且目前所用的统计手段对解决或验证实验研究所强调的因果关系,仍有力所不及之感.

5. 伦理道德问题也限制了教育实验的适用范围

教育实验的对象是发展中的个体,教育研究的目的是为了促进他们的发展,而不能使其产生身心上的伤害,这就限制了实验法在教育科研中的运用. 例如,要研究儿童影响和教育的关系时,就不能采取剥夺儿童某些营养素的做法,或有意不给予儿童某些必要的正面的教育影响等.

第五节 行动研究法

行动研究法是一种适合于广大教育实际工作者的研究方法. 它既是一种方

法技术,也是一种新的科研理念、研究类型.行动研究是从实际工作需要中寻找课题在实际工作过程中进行研究,由实际工作者与研究者共同参与,使研究成果为实际工作者所理解、掌握和应用,从而达到解决实际问题,改变社会行为的目的的研究方法.

一、概念的界定和特点

行动研究法是 1946 年美国社会心理学家库尔特·勒温创立的,由柯雷等人的倡导,进入教育科研领域.至 20 世纪 70 年代,由于艾里奥特的努力,逐渐在教育研究中产生广泛影响而成为一种重要的方法.

对于行动研究法学术界的说法不完全统一.有的学者认为"行动研究是行动者用科学方法对自己行动所进行的研究",近乎一种小规模的实验研究,比较重视研究的科学性.有的学者则认为"行动研究是行动者为解决自己实践中的问题而进行的研究",侧重于对教育实践的改进.也有人认为"行动研究是行动者对自己的实践进行批判性思考",是实际工作者所进行的一种自我反思行为.因此,在讨论行动研究的专著中,有关行动研究的名称尚未统一,有的叫"行动研究法",有的叫"合作研究法",也有称"现场研究法"、"应用研究法"等.关于行动研究法的定义,学者们也有各种说法,概括其共同点,可以这样认为:行动研究法是在教育情境中,研究人员和实际工作者结合起来解决某一实际问题以提高教师素质的一种方法.

对于这个定义可以这样理解:(1)行动研究法的研究人员的组成是实际工作者和科研人员的结合;(2)研究对象是学校中的实际问题,在通常情况下是对特定问题的分析和研究,或者将教育理论应用于实际,或者是对于已诊断的问题加以补救,以改进实际工作;(3)是在教育情境中进行的一种自我反思的研究方式,其目的是解决实际问题和提高实际工作者的素质.

其主要特点有五个:(1)研究人员和实际工作者结合,两者都参与研究的全过程,包括计划的制订、实践、检测、反思和修正等等.(2)研究环境即实践工作环境,完全是在自然状态下,在实际的教育教学的情境中进行研究.在实际工作之中发现研究的问题,在研究过程中,对于计划中的研究目标和内容并非确定之后一成不变,允许随时间的推移和研究的深入而进行充实和调查.(3)在理论探索和解决实际问题两大目的中偏重于实践.一般行动研究的目的不在于发现或验证某种理论,而在于解决实际问题和改进实际工作.教师在以改进教育工作为目的的研究中发挥作用,使自身素质得以提高.(4)强调研究过程和行动过程的结合.即在行动中研究,在研究中行动,研究是为了更好地行动,所获研究成果马上在行动中采纳和应用,产生实际效益.(5)在行动研究中,阶段性的评价反思和连续性评价反思相结合.在研究进程中有一个集中评价和反思阶段,这时研究人员对研究的结果和过程进行分析考察,但是反思并不仅仅在该阶段才有,是在研究全过程中连续不断地进行的,这样可以及时调整研究进程,所以说行动研究的过程是不间断的反思过程.

鉴于行动研究法的特点,它比较适合在中小学教育研究中运用,但是行动研究法也有一定的局限性.第一,研究人员往往强调方法的简便实用,希望研究结果能立即应用,而会忽视研究的计划性和系统性,使研究结果缺乏说服力和可靠性.第二,行动研究只对于某一个特定问题的特定对象进行研究,至于取样是否有代表性,研究条件和环境又如何控制则不作要求,所以研究的内部效率都不高,所取得的结果难以在更大范围内推广应用,只有在同类对象的多次重复研究后才能对结果进行验证.第三,研究一般是自行检验效果,较难客观地诊断问题.

二、行动研究法应用的基本步骤

行动研究法并不像有些人想象的那样缺乏计划性,走一步看一步,它和所有科学研究一样,有其一定的程序和步骤.目前影响较大的行动研究的程序是由凯来斯等提出的,他们认为行动研究是一个螺旋式加深的发展过程,包括计划、行动、考察和反思四个环节.计划是行动研究的第一个环节,计划是以大量事实和调查资料为前提,形成研究者对问题的认识,然后综合有关理论和方法,作出研究计划;行动是第二个环节,即按照目的和计划行动;考察是第三个环节,主要是对行动的过程、结果、背景以及行动者特点的考察;反思是第四环节,包括整理和描述,即对观察到的与实施计划有关的各种现象加以归纳整理,描述出研究过程和结果,然后对行动的过程和结果作出判断评价,对有关现象和原因作出分析解释,调整下一步行动计划和工作构想.

国内有的学者将行动研究法的步骤归纳为八项:(1)发现问题;(2)整理制订问题:选择问题(选定研究主题)、界定问题(确定问题范围)和分析问题(诊断问题原因);(3)文献探讨;(4)拟定计划;(5)设立假说(将要采取的行动及对行动结果的预测);(6)搜集资料,借助于问卷、调查、测验、实验等方法来收集资料;(7)试行和修正,在研究进行中不断地检讨工作并加以改进;(8)综合解释.

国外的学者将行动研究分为七个步骤:发现问题、分析问题、拟定计划、实施行动方案、收集有关资料、考验假设并检查某项实验措施的有效性、依据措施的有效状况修正原计划、进入下一轮更高层次的研究.

行动研究法的评价可以从这几个方面去考虑:问题的界定是否明晰?概念的操作内容是否清楚?研究计划是否周详?研究者是否按计划执行?资料汇集与记录是否详细?研究的信度和效度如何?资料的分析与解释是否慎重恰当?

行动研究法无疑是一种适合中小学教育研究的方法,但是如果使用不当,会产生一些不理想的效果.为此,有几点在使用时要注意:

(1)建立行动研究法和其他研究方法结合的模式,可以在其他研究到一定程度后实施行动研究,这样可以将理论应用于实际,解决实际的工作问题,也可以在行动研究取得一定成效后,再采用实验等一些研究方法,进一步探索教育规律,使各种方法相互间取长补短.

(2)参加行动研究的实际工作者,应具备研究所需的知识和能力,要有科研精神和正确的研究态度,会利用各种资料,做到真正理解行动研究的实质后再操作,以减少盲目性.

(3)在研究目标的定位时,不提过高的理论性过强的目的,把解决实际问题和提高教师素质作为工作的重点,在研究方法上从实际出发,不受方法的束缚.

(4)要努力提高行动研究的科学性,在有条件的地方尽量向规范化方向发展,多争取专家的帮助和指导,在明确研究假设、对象选择具有代表性和规范操作等方面逐步到位,以提高研究结果的普遍适用性.

三、行动研究的一个实例——反思实践法

在进行中学教育研究中,收集行动研究法的各种资料,通过"描述——解释——并列——比较"的程序进行对比研究,发现行动研究法强调研究中实际问题的解决,强化了研究的应用价值,但是对于理论上的建树似乎重视不够.同时,行动研究的程序设计中没有形成回路,难以利用反馈信息进行调控.在运用行动研究法时,可以作三方面的改进:(1)引进科学实验和评价法、临床法等思想方法,使研究从经验描述提高到假设检验的水平;(2)强化反思的作用,充分运用反馈信息进行调节和实证思辨方法来提高研究的科学性;(3)密切研究人员和实验教师的关系,促使研究人员参加实践,实验教师成为研究者,缩短研究者和教师之间的心理距离,从而构建新型的研究群体和研究模式.

反思实践法是通过反馈调节机制的不断运用和假设检验方法,使中学教育的实施和教育理论的思辨同步进行.它的基本思路是:根据教育实际的需要确定课题,形成假设,建构研究方案,让方案为教师所理解和掌握,然后研究人员与实验教师合作探索.在研究过程中不断依据回授的信息进行反思调节,实证和思辨同步进行,以达到适度的理论概括和用理论改进实际工作的双重目的.

反思实施法的方案和假设来自教育实际,又经过实践的检验和完善,再用来指导教育的研究和实际工作.

(一)反思实践法的三个特点

第一,有双向参与性.即教师参与研究,研究人员参与实践,共同构建合作研究的模式.在过去的教育科研中,先由研究人员设计方案,实验教师则按方案执行,在实施过程中研究人员进行调控,这种做法使研究和实践相互分离.具体讲,教师只是参加,并不是真正意义上的完全参与,教师的任务仅仅是执行计划,完成指定的任务.这样做实质上是把教师视为研究方案和实际之间的"中转站",或者说是传播研究思想的载体.所以,此类研究中教师发挥的作用很有限,他们对研究的意义和构思常常缺乏全面正确的理解,会觉得研究成果不实用,与自己的工作有一定的距离,这样就形成一般研究中无法解决的一个难题,即

理论和实践的脱节. 在反思实践法中, 教师真正参与教育研究, 成为研究的主体, 教师的工作成为教育研究的一个重要环节. 首先, 教师和研究人员的目标融合一致, 同时集中于通过教育提高学生素质, 在探索中学教育的客观规律这一点上, 形成研究的合力; 其次, 教师的研究动力来自其内部, 他们接受研究方案是研究者外部要求和教师内部需要的结合. 于是, 教师的角色发生了转换, 不再是研究任务的简单执行者, 而是参与决策者, 对研究内容和教学策略的制订有了真正的理解和掌握, 而且能结合自己的教学情况作出适当的充实和发展, 对研究理论和框架进行质疑和反思, 使研究更具有实用价值.

研究人员也从单纯的课题设计指导变成实践参与者, 他们能进一步理解理论和策略的实用价值, 使教育的方案设计和研究假设更切合实际, 更具有可操作性和科学性, 这对于研究人员来说, 是一个联系实际的学习过程. 对于教师来说, 一方面改善了教育教学工作; 另一方面, 在参与研究的过程中, 通过与研究人员的合作交流, 通过对研究思想的理解, 通过对自己行为的观察和反思, 提高了自身的素质.

第二, 研究过程和实践过程相结合. 在反思实践法中建立理论、归纳规律和改善实际工作同步进行, 既进行有关理论、策略、评价指标的研究, 也进行"怎样在学科教学中渗透素质教育"等实际问题的探索. 因此, 经过一个阶段的研究后, 既能就教育的有关理论问题进行概括, 也能在实际操作方法方面有很大的发展, 使研究成果和实际应用之间的距离相对缩短.

第三, 具有动态性. 研究人员要不断地根据实践的结果进行反思, 依据反馈信息对研究进程进行调整, 修改研究的假设, 使方案随着时间的推移日臻完善, 以适应不断变化的学校教育的各种复杂情况. 教育研究是一项区域性的综合研究, 涵盖中学各个年级的诸多学科, 又涉及参加研究的各类学校. 在总体目标方案、策略确定后, 各实验学校势必要根据自身的条件有重点地加以实施, 研究工作也会根据进程作动态的调整. 所以说, 无论是从总体还是从局部看, 教育研究的假设、框架、策略思想都会逐步完善, 以确保研究质量的提高和实用价值的体现, 是一个不间断的过程. 即使研究成果出来后, 也不是一种凝固的东西, 要进一步在实践中加以改进, 动态性是由研究性质决定的一个特点.

（二）反思实践法的基本过程

反思实践法的起点是对教育工作的调查和总结,在有关理论指导下建构研究的框架,然后在实施中进行评价和反思调节,完善研究的理论和方案,再进一步实践和反思.研究是螺旋式循环上升的过程,每一个循环圈包括四个相互联系、相互制约的环节:建构、实施、评价和反思.

1. 建构是第一个环节.建构是以收集经验事实和现状调查为前提,有四个重点:(1)确定研究的主题,即根据学校的工作基础和相关的条件,选择有关科技教育的研究问题;(2)分析和界定问题,即分析研究问题的主客观条件,确定研究的范围和对象,以及研究的逻辑起点和目标,同时界定有关的概念;(3)文献研究,即收集和研究问题有关的文献资料,进行分析和比较,把握研究的背景材料,形成总体印象;(4)拟定计划,形成假设,对要采取的研究及研究的结果进行预测,整体上形成研究的结构框架和思路.

方案设计时要建立总体方案和研究的基础框架,并在这一框架内探讨每一个子课题的行动方案,特别是近期的行动步骤.反思实践法研究往往有一定的前期研究基础,因此一般能提出研究的假设.

其次,研究目标的确定要体现价值多元化,既有根据学科教育总体思路确定的统一目标,也要考虑符合各实验学校特点的个性化目标和要求.同时研究目标的确定要有相对稳定性,不能无固定的内容,要保持在一定阶段内不变,但是又要有动态性,当研究进入新阶段时,有的目标要置换和变动,给研究赋予新的内容.

2. 实施是第二个环节.在这个环节主要是激发教师的参与动机和按计划开展研究活动.一方面,要让参与研究的教师理解研究的意义和方案设计的基本思想,动员其主动参与研究,使他们产生责任感和成就感;另一方面,教师与研究人员一起根据计划要求采取行动.行动应该是能动的过程,既要符合总体目标和策略,又要体现各校特色.在实施行动方案时,要重视各实验学校的具体条件;要重视计划实施者对理论的认识过程和接受的程度;要重视研究过程资料的收集和积累;要重视研究人员的反思和调节.

3. 评价是第三个环节.评价是在研究进行到一定阶段后对资料进行整理

和归纳,概括出研究的结果并对实施过程、结果、条件以及研究情况进行考察评价.

评价的目的是要研究目标的达成水平,取得有效的反馈信息,以便调整研究的过程,及时采取补救措施,重点是对研究的检测,为改进和提升研究工作创造条件.所以评价不仅仅是具有鉴定功能,更重要的是有诊断和发展功能,这是反思实践法评价的第一个特点.第二个特点是重视参与性.评价不是研究人员单方面对研究过程下结论,而要发动实验教师主动参与评价过程,研究人员要和实验教师进行充分讨论确立被评价者的主体地位.实验教师可以对有关问题进行解释说明,最后双方形成共识,使评价结果为被评价者确认.第三个特点是重视评价过程.评价中研究人员和教师要进一步了解研究活动,一起会诊研究过程,在评价中作充分交流,在评价中诊断问题,在评价中共同提高,而不是着眼于简单的评价结论.

评价一般从两个层面上思考.第一层面是看基本要求达到的程度,主要衡量达成度、针对性和实效性三项指标.达成度是考察教育目标对各实验校的基本要求的达成情况,分析研究结果和目标的符合程度和偏离情况;针对性是考察研究行为和目标的关系,研究行为是否按计划执行,是否按要求完成,评价研究计划和策略的执行情况;实效性是衡量研究工作是否可以改进学校教育工作,是否有利于学校教育的发展,考察实验教师认识的提高和主动性的发挥程度,考察学生的变化和反应情况,分析研究所带来的各种正面和负面效应.第二个层面是个性化体现程度,分析各校由于研究的侧重面和条件的不同,是否有体现个性特色的内容,具体体现在哪些方面,核心内容是什么.评价时可以用各种方法和技术,如问卷调查、访谈、测量和个案评析,以及设计活动和情境来考察学生的表现等等.最后通过各种研究资料的互证,概括出统一的结论.

4. 反思是第四个环节.这一环节主要是对评价结果作出价值判断,根据反馈信息进行批判性的思考.反思包括三个层次:(1)研究人员的自我反思.分析研究目标是否符合学科教育的总体精神,是否反映实验学校的特点,是否符合多元的价值取向,是否符合学科教育的价值取向,同时对研究方案的可行性和科学性进行思考,对研究结果进行理性分析;(2)实验教师对自己行为的反思.考虑对研究的认识和理解程度,考虑自己的实践和所用的教育方法的适切性,考虑实践和研究理论的吻合程度,考虑所设计的步骤是否恰当合理,资料的分析和解释是否慎重,分析影响研究的各种因素和存在的问题,找出原因并对未解决的问题作进一步设想等;(3)研究人员与实验教师共同对研究过程和结果进行反思.通过正向事例和反向事例来分析在研究情境中如何活动和为什么这样活动,以及是否应该这样活动,有什么可改进的地方等,可以从中获得一些新的领悟和对有关理论的深入理解.研究人员的反思所追求的是发现问题和进行价值判断,根据反思结果对研究方案作出调整、修改.而实验教师反思是反省自身行为与设计要求的差距,使自己的经验进一步重构,追求的是教育活动的合理化、理论化.

在反思的基础上,完善方案设计,并进一步进行理性思考后,再开始新一轮的研究.所以反思是一个循环圈的结束,又是新的另一个循环圈的开始,处于中介状态.

反思实践法运作的基本程序可以用两个循环圈来加以描述,在两个循环圈中的四个环节的研究活动也不是截然分离的,有时在某些环节上会有交叉,有时两种活动会出现在同一个过程之中,如实施计划时会有反思调节活动,也会对结果进行评价.但是,任何一个环节总以某一类活动为主导,其他活动则作为辅助,构成该阶段的质的规定性.

这两个循环是螺旋式加深发展的过程.在第一个循环中,主要是以解决问题为目标的诊断性研究,既检验研究假设,又改进学校教育的实际工作.在此过程中,不少学校进行的只是单项研究,他们依据总方案的要求有选择地进行研究,解决教育中的实际问题,使教师的教学活动向研究方向转化.该阶段的研究样本有限,研究人员在分析试点学校情况的基础上能概括出一些结论,但这些结论只是初步的理性认识,如教育研究的思想和策略、目标体系、学生素质评价指标等,所得的结论是建立在对部分资料认识的基础之上,普遍性和可靠性还有待于检验.形成一些同感觉经验直接联系的概念,这些概念和所概括的事实相对应,与经验直接联系,理论体系尚未形成.但是,这个阶段解决了许多教育中的实际问题.而第二个循环则是为了提高研究结果的可靠性所进行的返回式研究.一方面扩大样本的容量、个数和控制程度;另一方面尽量考虑样本的代表性,收集各种类型学校的研究个案和资料,以提高结果的普遍适用性.各实验学校的研究也会从单项走向综合,研究目标也从分散趋向集中和细化,而且对参与研究的教师的行为要求会更规范.通过这些措施,增强结果的可靠性和科学性.反思实践法的多次循环运用,既发现了规律性的结论,获得理论的经验,又解决了在中小学中实施教育科研的实际问题,而且使实践更具有理性认识指导的特征.

第六节　教育科研成果的表达和推广应用

教育科研还有其他一些方法,教师可以根据实际需要,恰当选择.当然,教育研究成果的表达形式也从单一到多元.

上世纪 80 年代以论文、实验报告为主要的成果表达形式,今天的表达形式则"百花争艳"、多种多样.对于专业研究者来说,用什么样的形式反映研究成果,几乎不是一个问题,体现研究成果的最佳方式当然是论文.用论文的形式,提出新观点、新论断,层层递进的逻辑说明,材料翔实的论据支持,规范得当的资料引用,客观公正的说理评判,可以说是共有的"格式化"标准.20 世纪 80 年代教师从事教育科研,也大体遵循了专业研究者成果表达的方式,尽力用抽象的、专业化的词语去表情达意,努力引用国内外相关的研究成果,大力去验证自己的论断与实验假设.这样的研究成果表达形式虽然也部分地说出了自己的"心里话",反映了自己的思考与认识,但由于论文注重理性的"天性",还是远离了教师的日常生活,一定程度上让教师感到教育科研是"遥不可及"的.

行动研究的出现化解了教师所面临的这一苦楚,让教师认识到除了论文之外,还有多种可能的成果表达形式.20 世纪 90 年代,教学反思、教学案例、教后感、教学日志等开始进入教师的视野,写日记、做案例、重反思成为研究成果的主要表现形态.这一转变,不仅拓展了教师从事教育科研的成果表达形式,而且大大拓展了教师从事教育科研的空间,教师逐渐从对基础理论的关注中摆脱出来.进入 21 世纪,成果表达形式日益多样,教师开始认真区分教学叙事与教学反思、教学案例与教学课例、教学日志与教后感,在各形式的甄别中,明确不同形式所承载的内容,以及在研究中所发挥的作用.教师开始用自己的"嘴巴"说话了,个性化的表达形式成为研究成果的主要表现形式了.形式有时影响内容,反过来促成内容的改变,这一道理在教师科研成果的表达形式上反映尤为明显.

20世纪80年代,各种典型的科研成果层出不穷,有着全国范围影响的科研经验也不鲜见.不少学校和教师大力学习推广这些经验,并将其体现在自身的科研活动中.教师对自己从事的科研活动所产生的成果也是如此,研究中注重提炼模式化的作法,注重经验的"标准化",然后再推广运用于其他教育教学情境.这一时期,教师从事教育科研的价值取向,就是为同行提供经验,研究的最大价值所在是能够作为典型经验加以推广.

进入20世纪90年代,尤其是21世纪以后,典型的经验不再典型,新鲜做法能够为其他学校、其他教师所认可的程度似乎在降低,教育科研的领军人物也正淡出教师的视野.在这背后,其实是教育教学复杂性的提升,教师自身科研认识水平的提高,不同教师教学智慧的大量迸发.不论是别人的教育科研成果,还是自己的教育科研经验,在其他教育场景都无法复制,充其量只具有借鉴意义.因为不同教育情境所蕴含的因素是多种多样的,没有一模一样的两种教育活动,"标准化"不能解决问题,模式化几乎会葬送教育科研成果的生命,唯有吸取成果的合理成分,借鉴其相关的理念,对照当下的教育事实灵活运用已有的成果,才能使成果更有生命力和活力.

教师从事教育科研的变化,其运行轨迹背后是我国基础教育的深刻变革,是教师专业发展水平的不断提高,同时也折射了经济社会各方面的发展.这些变化还在继续,还在深入,远未到"终极"状态.需要指出的是,并不是所有的变化都是合理的,所有的变革都具有积极意义,加大对这些变化的辨析力度,对于教师教育科研来说是必要的.

思考题

1. 选择一节你较满意的课,写一篇教学反思.
2. 教师行动研究对教师专业发展的作用是什么?
3. 如何培养中学生学习数学的兴趣?
4. 为什么说学校教育科研的核心理念是反思改进行动?

第三章

....

中学数学教育论文的撰写

新课改要求广大教师都要加入到教育改革的研究和实践中. 参与教育科研活动,不仅有助于先进教育思想的传播、新的教学方法的推广和教学质量的提高,而且也有助于教师自身教育理论水平和业务能力的提高. 论文和科研报告是反映教育科研成果的两种主要形式. 广大教师无论参加何种规模的教育教学科研活动,最后都要以论文、实验报告等形式把成果发表出来,让同行评判、分享、借鉴. 因此,了解撰写教育论文、教育科研报告的一般程序十分必要.

第一节　中学数学教育论文概述

教育教学论文是教师对教育教学中某些问题进行专题研究和探讨,取得了新的成果,把这些研究的方法及成果系统整理出来所写的文章. 这些文章是教研成果的记录,是教育教学研究的工作总结,也是教师辛勤笔耕的结晶和能力的体现,它是衡量一个教师学术水平高低的重要标志. 有许多教师(包括老、中、青)教学经验比较丰富,钻研业务勤奋,讲课艺术水平较高,教学效果较好,可就是苦于写不出文章. 其中绝大多数并不是不能写,而是不知道怎样写,写些什么内容,特别是有些想发表的文章,一是不敢投,二是不知道怎样投.

一、教育科研论文的类型和体例

教育科研论文依据研究内容、研究方法等的不同,有多种类型和体例. 依据研究方法和获取资料的不同,教育科研论文的类型和体例可分为如下三类.

（一）以直接研究获取的第一手资料为主而撰写的论文

这类论文常见的主要有教育观察报告、教育调查报告、教育实验报告、教育测量报告等.这些论文有一个共同的特点,即都是通过对某一教育现象和事件进行有目的、有意识、有计划的研究,直接获取第一手资料并在此基础上撰写成论文.

这类以直接获取的第一手资料撰写的论文,在写作上除了与其他体例的教育科研论文具有共同的要求外,还有两个应特别强调的要求:

1. 研究对象、研究过程等必须写得完备清楚,以便别人根据同样的条件进行验证,或做更深入的研究.

2. 格式要求较为规范.对不同的研究方法,用不同的表述形式,才能更好地反映研究工作及成果的特征.观察法、调查法、实验法、测量法都是比较规范的教育科研基本方法,因此,其表述形式也就相应地要求比较规范.所以,应该努力写成规范的观察报告、调查报告、实验报告或测量报告.

（二）以研究间接的第二手资料为主撰写的论文

这类论文常见的主要有教育史论文、教育基础理论研究论文等.一般说来,这类研究都具有时间跨度长（古今上下几千年）、空间跨度广（国内国外）的特点,研究者受各种条件限制,不可能获得第一手资料,而只能通过分析大量的文献资料来进行研究.也就是说,通过查阅文献,获取间接的第二手资料,进行比较、分析、研究,在此基础上撰写论文.如研究孔子的教育思想,研究者不可能再回到二千多年前的古代社会中去作调查研究,而只能通过阅读孔子的著述以及记述当时社会经济、政治、文化等状况的史籍来进行研究,分析孔子教育思想的特点、对当时及后世的影响等,从而对孔子其人的教育思想做出恰如其分的评价.这类论文由于主要是通过第二手的文献资料进行间接研究、撰写的,因此,掌握资料的全面、确切与否,往往对论文质量产生前提性影响,直接决定论文质量的高低.

（三）综合运用第一、第二手资料撰写的论文

这类论文常见的主要有教育经验总结报告、专题教育教学研究文章等. 由于这种论文往往事先没有明确的课题研究计划,只是在一段时间的教育教学实践后,取得了某些成功或形成了某种观点、看法,于是从结果逆向考察原因,总结有效的教育经验,并使之上升到理论的高度. 因此这类论文中既有实践中获得并积累下来的直接的第一手资料,也有文献理论中借鉴而来的间接的第二手资料. 这类论文尽管事先没有明确的课题研究计划,但一旦决定撰写后,同样需要制订计划. 如撰写经验总结报告,就必须先制订总结计划,确定总结的题目、内容、方法,有目的、有步骤地进行总结材料的搜集、整理、分析、比较、综合、归纳,提炼出有一定普遍意义的经验,然后撰写成一篇教育经验总结报告.

应该说明,上述分类方法并不是绝对的,如以直接的第一手资料为主撰写的调查报告、实验报告等也需要应用有关的第二手的文献资料. 同样,以间接的第二手资料为主撰写的论文中,也会出现研究者通过各种方法、途径获得的第一手资料. 因此,上述分类只是相对而言的.

二、教育科研论文的结构

教育科研论文一般由题目、作者姓名及单位、内容提要、正文、参考文献五个部分组成.

（一）论文题目. 题目即论文的题名,它是论文的窗口,也称论文的眼睛. 题目是论文内容的高度概括,论文通过题目传神韵、显精神、见水平. 拟定论文题目的具体要求是:(1)描述清晰. 以最恰当、最简明的词语反映论文中最重要的特定内容,使读者看到了论文题目,就立即知道论文的特定内容是什么.(2)高度浓缩. 论文题目一般不超过 20 个字,若较长,可加副标题. (3)书写要规范. 论文题目写在页首,通栏居中横写,上下各空一行. 要注意:论文题目中间可加标点(或以一空格代标点),题目末尾不加标点,题目较长转行时,不要把一个完整的词分割开,力求整体美、和谐美、对称美.

（二）论文作者. 作者姓名、单位写在论文题目下方,最好在单位后面写上邮

政编码.

（三）内容提要. 内容提要是论文内容的高度概括. 但绝大多数报刊不作要求.

（四）论文正文. 正文由引论、本论、结论三部分组成.（1）引论就是论文的开头话,或叫起始段. 引论的内容是交代背景、提出论点或论题. 开头话不太好写,俗话说"万事开头难",写论文亦如此. 引论要写得简洁明了、独具风格、引人入胜,需要下一番功夫. 引论不宜过长,通常不超过两百字.（2）本论是论文的主干部分. 写好这部分的关键在于论证,即以理论论据或事实论据论证引论中所提出的论点. 理论论据要注意科学性和逻辑性,科学性永远占主导地位. 事实论据要可靠,要有说服力. 论证中要特别详细阐明作者自己的独特见解,求新、求异、求实是论文学术水平高低的主要标准. 如果以理论论据为主,论文的理论性就较强,可称为理论型论文. 如果以事实论据为主,论文的经验性就较强,可称为经验性论文. 篇幅较短的论文,其本论部分可以一气呵成,若篇幅较长,则可设大小标题.（3）结论部分必须概括论点,突出主旨,或者提出研究的价值与意义. 文字不宜过长,要特别精炼,画龙点睛,而不可画蛇添足.

（五）教育论文的参考文献. 如果论文中引用了他人的重要论点或有关资料,就要在最后的参考文献中注明被引用的书刊名称、期号、题名及作者姓名. 这有三个作用：其一,说明有可靠的依据,增强自己所写论文的说服力；其二,尊重他人的劳动成果；第三,避免有剽窃之嫌.

三、教育科研论文的特点

教育科研论文应较系统和专门地讨论与研究教育科学领域中的某种现象或问题,思考和动笔都是从科学研究这个目的出发的,比一般论说文更富理论色彩和专门性. 它涉及的范围较广,在教育科学这个辽阔的领域中,站在一定的理论高度观察和分析有重要价值的现象和问题. 它不像一般论说文那样,可以就具体事件议论得失,评定是非. 它的生命力及价值在于科学研究的新成果,内容上的创新意义. 它比一般论说文更强调新意(即新见解、新成果、新思想).

（一）学术性

教育科研论文是学术成果的载体，是学术研究所形成的产品．它侧重于对教育现象进行抽象的、概括的叙述或论证，其内容是系统性的、专门化的，因而，这种文体必然具有很强的学术性．它不是教育现象的外部直观形态和过程，而是教育发展的内在本质和发展变化的规律．它是深思熟虑的学术见解，不是偶感式的杂谈或社会性议论．教育科研论文中，某一教育现象也不像"经验"那样完整、具体、形象地反映着，而是按照思维的认识规律被解剖、抽象地反映着．它致力于表现教育的本质，揭示教育的规律性．与教育教学经验文章相比较，它是理论的．虽然它要取材于某一具体教育教学活动，但不叙述其细节，只是经过提炼，"抽象地反映"并上升为理论，写成论文．教育论文如果没有学术性，也就失去了教育论文的资格．所以，学术性是教育论文最起码的条件．

（二）科学性

教育科研的任务是要揭示教育发展的客观规律，探求客观真理，建立和丰富教育理论，使之成为教育改革和发展的指南．这就要求作者对传统的教育思想、内容、方法，对引进的教育理论、经验，都要采取"一分为二"的科学分析态度，都要尊重客观事实，不带个人偏见，不能主观臆断或凭空说教．在立论上，应从实际出发，从中引出切合实际的结论，即必须以《中国教育改革和发展纲要》为指导思想，论点的提出必须以切实、准确、真实的科学依据为前提；要在周密的观察、调查、实验的基础上，尽可能多地占有材料，以最充分、典型、新颖、确实有力的材料（理论材料和事实材料）作为立论的依据；论证上，应是系统的、完整的、首尾一贯的，是经过周密思考，严谨而富有逻辑效果的论证．科学性还包括在内容上的充实、成熟、先进、可行；表述上的准确、明白、全面，无懈可击．一篇论文如果失去了科学性，也就不成其为教育论文．所以，我们说科学性是论文的生命．

（三）创造性

教育科研论文要求作者要有自己的独到见解，敢于革新陈腐的教育思想、内容和方法,有创新意义.能在对教育领域的现象进行观察、调查、分析研究的过程中,发现别人没有发现或没有涉及的新问题;能对别人研究过的问题采取新的角度或方法,提出具有理论意义或实用价值的新观点或新结论;能在综合前人研究结果(或经验)的基础上加工提炼,开掘新意;能在别人争论的课题中或出现分歧的问题上进行比较分析,在弄清彼此的分歧争鸣点的基础上,做出与已有结论不同的结论;能用新鲜的材料(事例、数据、史实、观察所得)来证明已证明过的问题,探索新意向;能运用中外教育领域里的最新信息资料、情报,以及教育科学研究的最新成果、经验理论、概念,增强教育论文的时代色彩或现代化意识,从而提出新思想、新观念、新理论、新设想,探索新体系、新方法,开辟出新的改革之路,推动教育发展的新进程.所以,创造性是衡量教育论文价值大小和水平高低的主要标准.如果教育工作者没有独特的真知灼见,没有创新,只有继承,那么,教育改革也就难于深化.

(四)理论性

教育论文的理论性是指论文的理论色彩,即用辩证唯物主义和历史唯物主义思想,《中国教育改革和发展纲要》的科学观点和有关的政策、法规,以及教育科学理论为指导,分析研究教育现象和问题,形成有理论高度的论文.在具体表达科研成果上,要符合教育规律、教育原则的新要求;要从具体事物出发,把感性的东西上升到理论高度来分析,做出科学的结论,做到以理服人;要在对教育领域的现象和问题的探讨论证和表述的过程中,运用现代教育学、教育心理学、学校教育管理学和专家对教育的论述,以及专业性名词术语、理论概念,并融合为论文的内容,使论文具有较浓的理论色彩.所以,理论性是教育论文深度的标志.但一定要深入浅出地表述复杂的科学道理;要用通俗简明、生动形象的语言让读者感到平易能读,平实易懂,使论文发挥交流、传播、推广科研成果的作用.

(五)探索性

探索性就是对尚未解决的问题,以新的观点进行探讨、寻找、搜索、求取,找到改革的突破口.没有探索,也就没有科研成果.因此,探索性是贯穿教育论文始终的一条红线. 即在撰写教育科研论文中,对教育科研中涉及比较复杂的现象和问题,要进行多方面的思考,多层次的比较,并进行认真分析,反复研究,才有可能找到解决问题的方案和措施;要以《中国教育改革和发展纲要》、党的教育方针为指导,根据传统教育的经验教训和当前教育改革的发展趋势,探索教育领域里我们还未明白和还未掌握的教育教学规律,探索未来的教育教学到底是什么样子,应当怎样实现新的目标. 此外,针对现实工作中暴露出来的实际问题进行分析研究,并总结研究成果,这本身就是探索性工作;而正确地寻找改革的突破口,寻找论证的新角度、新方法的过程,就是探索的过程. 教育论文应体现出作者的探索个性(特点),探索个性越鲜明,论文越有创造成果. 所以,探索是科研的前提,也是撰写论文的前提.

(六)实用性

教育科研论文应面对现实,针对教育事业发展过程中出现的新事物、新情况、新问题及时进行学术上的研究探讨,并力求给予科学的解释和回答,达到"有的放矢"地指导人们新的教育实践活动. 特别是根据现实需要,对建立有中国特色的社会主义教育理论、教育制度、教育体系,进行深入的探讨和研究,阐述和交流学术见解,既及时指导教育实践,又补充、丰富、扩展教育理论,它具有一定的社会实践意义. 所以,实用性是撰写教育论文的目的意义所在.

四、中学数学教育科研论文的主要内容

中学数学教育科研论文涉及面广,但概括起来主要包含以下几方面内容.

1. 数学教学论

这是数学教育学科研究起步较早、研究最多,且相对成熟的一个分支领域,但在新一轮课程改革的形势下,仍有大量的课题值得研究. 例如:(1)关于数学教学总目标或某项具体目标的研究;(2)关于数学教学过程的认识;(3)关于数学教学方法的选择;(4)关于数学教学课型与数学教学基本方法的优化组合研究;(5)关于某种新教学方法的实验研究;(6)数学教学的检测与评价研究;(7)各个具体数学对象的教法研究;(8)数学建模在数学教学中的应用(数学意

识和数学应用意识);(9)数学习题的编拟方法;(10)数学测验的命题研究(中、高考题研究);(11)现代教育技术与中学数学教学的整合;(12)信息技术与数学的整合等.

2. 数学课程论

这是一个相对薄弱的分支领域,但作为一线教师,主要能做的工作是结合教学实际对使用的教材和课程改革提出一些看法或对不同版本的教材进行比较研究.例如:对实习作业的设置与教学建议;教育技术的使用;教材中的阅读材料的使用;探究与实践的教学;教材边栏的作用等.

3. 数学教育心理

这也是一个不太成熟的分支领域,值得大家关注.例如:数学知识学习过程中的心理分析;数学教学中的非智力因素研究;中学生数学思维的特点和规律研究;中学生数学能力的培养研究;男女生空间想象能力的差异等.

4. 数学方法论

常见的问题有:中学数学教学中常用的数学方法研究;数学问题的一般解法与特殊解法研究;各种数学基本题型的解法研究;一题多解与多题一解研究;数学实验课的教学等.

5. 中、高考备考与数学竞赛

这是最贴近教师教学实际的内容,也是教师感觉最容易上手的.主要的课题有:中、高考题及重点大学自主招生题的解法研究;中、高考题渗透的教育理念研究;数学竞赛辅导与常规教学的关系研究;关于数学特长生的培养研究;数学竞赛专题知识与方法研究;数学竞赛题的解题方法研究等.

第二节 数学教育论文的撰写

俗话说得好:教而不研则浅,研而不教则空.新课程对教师的素质要求越来越高.教师不仅要有深厚的专业功底、娴熟的教学技能和良好的教学效果,还要有一定的教学理论水平和科研能力.论文作为教师研究成果的主要形式,既能反映出教育教学工作的价值和功效,又能反映出作者的科研水平和能力.不少教师的教学经验丰富、教学成果卓著,由于他们没有用论文的形式将自己的教学成果表达出来,因而他们极有价值的教育科研成果也只能"藏在深闺人未识".究其原因,一是有的教师片面地认为撰写教研论文是教育专家和专职教研员的事情,与自己关系不大;二是有的教师认为教研论文深奥难写,不敢问津,即使写了又难于发表,徒劳无益,干脆放弃.因此,我们首先要提高认识,打消顾虑,树立信心,大胆揭开撰写教育科研论文神秘的面纱,充分发挥自己身处教学第一线得天独厚的资源优势,在努力搞好教育教学工作的同时,不断学习,认真撰写符合客观实际的教育科研论文,进行教学研讨和学术交流.

一、教育科研论文撰写中存在的问题与对策

现代教育的一个重要特征是教育行为对教育科研的依赖性,随着教育改革的不断深入,对教育科研的需求比任何时候都迫切,寄予教育科研的期望也越来越高.

(一)选题大、内容空,不具有实际的指导价值

教育科研论文选题涉及面很宽,包括教学观念、课堂教学、教材理解、教学设计等等,范围很广.有些教师撰写的教育科研论文往往选题较大,比如"新课程下的课堂教学观念"、"新课程下教师如何反思"等等,在论述上往往也是一些大家比较熟悉的话语,选题落入俗套,论述角度不新颖,对同行理解新课程理念不具有指导价值.当然这样的稿件如果投稿,初审这关就过不了,而且对这样的文章也很难提出进一步的修改建议.

对策:中学教师处在教学第一线,最有话语权,应该成为研究者.但有些教师做了自己所不能驾驭的课题研究,在此过程中并没有提高科研能力,倒是学会了从网上汇集资料,缺乏深入学习研究,只是急于成文.对于选题比较大的题目,很多中学教师很难把握好.但是,在课堂教学这个操作层面上很有话语权,比如,如何实施新课程应是教师研究和关注的问题,从这里就会引发出需要的选题.

(二)选题恰当,但入手的角度不新颖

很多教师能抓住教学中的一些重要问题进行研究,但却不知道类似的选题

已在杂志上刊登过了. 比如,在教学中如何创设情境这个问题,很多文章对情境创设的原则和情境创设的方法已经论述得很详细了,但是很多教师还在这方面做文章.

对策:教师在选题时一定要注意这个选题研究的进展程度,找到近年杂志刊登的同类文章,然后找到切入点,看哪个方面还需要进一步研究,或者经过多年的实践哪些观点需要矫正.

(三) 文章框架结构较好,但案例较陈旧

好文章的框架结构的严谨性与完整性是必不可少的,但是作为中学数学教研论文来说,案例对文章观点的论述提供了很好的论证,案例是文章精彩的部分,只有好的案例才能把要阐述的观点论述清楚. 有的教师在写论文选择案例时,只是注意了是否具有典型性(即所选案例是否能说明文章的观点),往往忽视了案例的新颖性.

对策:教师在平时上课时要注重每个案例的使用,适时引导学生,课堂会发生让人意想不到的事情,这些点点滴滴聚集在一起就是好的案例,写文章并不是去找案例,而是在课堂上去发现,只有这样的案例让教师看了才会感觉新颖、自然、出自真情实感. 同时也可以从新的角度对典型案例进行诠释.

(四) 现有成果参考很少,创新点体现不够

很多文章的标题很相似,比如,数学课堂提问策略,很多文章都是"单刀直入",直奔主题,直接就策略 1、策略 2……展开论述,其实这样的文章大家都很熟悉,文章并没有在序言中对他人研究进行综述,也没有说明有何创新点.

对策:每篇文章都应该有自己独特的特点,对一个问题的探讨可以从多方面和多角度进行研究,但研究最好建立在已有研究结果的基础上,查阅相关论文,在文章的序言部分论述已有相关研究的进展程度,说明你的入手点及创新之处.

(五) 研究的问题不在自己能理解的范围内,写作文风不自然

有些文章读起来,感觉让人有点摸不着头脑的感觉,形成这种文章风格的

主要原因是作者本人并没有对文章的主要观点理解明白,所以在叙述的时候并没有以简单的写作风格呈现.

对策:一个人的文风,尤其是在中学数学教研论文这个层面上,反映了一个人的教学水平和对数学的认识程度,大家应该都有这样的体会,很多专家级的人物对复杂的问题能用通俗易懂的语言给大家讲清楚,究其原因是因为他对这个问题的来龙去脉弄得很清楚,对问题的解读自然会很明白. 所以,教师在写作的时候一定要把问题弄得很清楚,这样写的文章才能条理清楚、思路清晰.

二、教育科研论文选题的途径

途径 1　查看相关杂志每年的选题规划和相关课题信息

一线的教师在忙于教学任务之余,经常翻阅期刊对于确定论文选题很有帮助. 为了帮助作者把握研究热点,有些杂志每年都会在杂志或网站上发布年度选题规划. 这些规划都是专家根据基础教育发展现状提出的课题方向. 还可以通过阅读近期发表的论文,确定你的选题. 对于刚刚步入教学岗位的青年教师来说,有一些零星琐碎的想法,但是想写成一篇文章又苦于无话可说. 其实这是写作的萌芽时期,对于自己的零星想法通过记笔记或者个人日志的形式记录下来,经常翻阅杂志查看类似的文章,积累素材,并可模仿其框架结构以及思路特点尝试进行创作.

途径 2　聆听专家和同行的讲课或评价

读是一个人获取知识的重要途径之一,那么听则是另外一种获取知识的重要途径. 当然能和专家在一起讨论问题机会是很难得的,但是你可以先和同事共同探讨,互相听课,还可以经常看杂志上专家对相关问题的论述,这样你对问题的理解会更深入,自己也会有很多想法,这时就可以形成相关论文.

途径 3　以一反三寻找选题,形成选题系列

很多教师撰写教研论文,有的时候是想起来一个选题就写一个选题,大多数是随机性的,其实如果找到一个选题,就可以"顺藤摸瓜". 阅读杂志和听课是寻找选题的重要渠道,反过来,对自己熟悉的领域,比如高考命题的研究、数学竞赛题的研究、初等数学的研究等等,也可以先确定选题,然后再找资料去

研究.通过"资料—选题—资料"或者"选题—资料—选题",可以使在某个领域的研究更深入,从而提高自己的科研水平.

途径4　针对自己教学中遇到的困惑或问题进行实证研究

一线教师每天都能随时随地发现教学中的问题,教学情境创设问题、习题设置问题、布置作业问题、学生学习心理问题、教学设计问题等等,可以说自教师登上讲台的那天起,教学问题时时伴随着教师.针对这些教学问题,教师要有研究的意识.

三、中学数学教育科研论文撰写的步骤

一篇论文从构思到修改完成,最终定稿,其撰写过程大致可以分为以下七个步骤.

(一)准备阶段

发现、收集文献资料或教学素材,确定研究课题或论文题目是撰写论文的前提.收集素材常用的方法有剪贴、下载、摘抄、写教学札记(包括课后反思、作业记录、考试总结、解题分析、调查反馈、成果质疑、探讨争论、灵感顿悟),在听课、评课、上课过程中,要善于观察、比较、发现、思考,并及时把自己的点滴感受或观点记录下来,日积月累,素材多了,灵感来了,题目也就有了.只有平时注重积累,做学习的有心人,行文写作时才能信手拈来.只有见人之所未见,才能言人之所未言,写人之所未写.

(二)确定题目

一般说来,在开始研究之时已经确定了课题研究题目,但课题题目和论文题目并不是完全等同的,尤其是一些周期较长、内容较广的教育科研课题,其研究成果往往需要通过几篇论文才能表达完整.因此,论文撰写的第一步就是要确定题目.它可以和课题研究题目相一致,也可以不一致.不论是否一致,一个好的论文题目都应符合下列要求:

1. 新颖.真理是在不断发展的,任何科学研究都处在不断完善和进步之中,

教育科学研究当然也不例外. 如果选择的题目只是在前人的圈子里"原地踏步",教育研究就难以发展,因此,题目必须新颖. 新颖包含着两层意思,一是指抓住最新出现的问题,即要具有开创性的题目;二是指在原有的问题之外,提出新的问题,或对原有问题提出一个新的研究思路.

2. 宜小. 论文题目一般不宜过大,即切口要小. 题目过大,容易写得空泛,初写论文时更是如此. 如"教师队伍的管理和建设",这个题目就太大了,难以写好. 因此,广大教师应该根据自己的教育实践,选择一些小的题目进行写作. 如"中学数学教研组管理初探",这样的题目比较小一些,容易写好. 对有些大题目,可以分成几个小题目来写,使论点更明确、内容更集中、论述更深刻.

3. 准确. 这是指论文的题目和内容要名实相符,也就是说,题目要能准确地反映论文所研究的内容. 一篇论文的题目可以是明确点明题意的,如"讲授法、讨论法、自学法在中学数学教学中的效果的比较实验";也可以是不明确点出题意的,如"影响初中学生平面几何推理能力的几个因素",哪几个因素不具体指明;还可以是问题式的,如"数学教学中如何培养学生的数学思维能力". 无论用哪种形式,题目都应该能确切地反映所要研究的问题,反映所要论述的内容.

4. 简短. 题目要简短明了,使人看了一目了然,马上就能明白作者想要论述的问题. 如果题目过长,或过于拗口,就会影响读者的阅读兴趣. 如"讲授法、讨论法、自学法在中学数学教学中的效果的比较实验",这个题目就显得太长了些,可以改成"中学数学教学中三种教法的比较实验",省去十个字,题目更简短明确,也没有违背原来的题意,读者看了,同样能理解论文所要研究、阐述的问题. 那么,怎样选题呢?

选题是解决写什么的问题. 选题必须恰当,否则论文就可能"流产",或没有多大价值. 因此,选题是论文成败的关键. 第一,要选择客观上有科学价值的课题. 例如:教育实践中亟待解决的问题(深化教育改革的难点、重点、热点);带普遍性、整体性、全局性的宏观课题;带局部性、具体性的微观课题;教育实践中的新发现、新创造;空白的填补,通说的纠正,前说的补充;等等. 第二,要选择主观上有利于开展的课题. 例如:自己是否有浓厚的兴趣;能否发挥自己的业务专长;课题大小是否适中;是否占有资料或具有占有资料的条件;是否能得到同行的指导;等等.

（三）拟定提纲

题目确定之后，就要根据题意，拟定写作提纲，对论文的基本框架和总体布局进行设计、安排．提纲实际上是一篇论文写作的设计蓝图．

1. 提纲的种类．提纲一般可分为简单提纲和详细提纲两种．

（1）简单提纲．简单提纲的特点是比较概括，只列出论文各部分的大小标题，对如何具体展开论述则不涉及．一般说来，有一定论文写作经验的研究者，往往只列简单提纲．

（2）详细提纲．详细提纲除了列出论文各部分的标题外，还在每一个标题下较为详细地写出所要阐述的内容的要点．详细提纲实际上近似于一篇论文的摘要．初写论文者，可尽可能地把提纲列得详细些，以便写作时较为顺手．

2. 提纲的要求．一份好的论文写作提纲，一般要求能做到三点：

（1）安排好全文的布局．如主要论点与次要论点的排列，论证的逻辑展开等，使论文各部分结构严密、条理清晰、合乎逻辑．

（2）安排好材料的使用．如基本材料和副次材料的排列，各部分、各个论点下需要枚举的材料等，使研究过程中搜集和积累下来的大量材料组成一个层次清楚的有机整体，提供具有充分说服力的论据和事实．

（3）安排好论文的篇幅．如全文大约多少字，各部分大约多少字．有了这个安排，写作时就可以更有计划，避免东拉西扯，离题太远．至于一篇论文到底以多长篇幅为好，这并无规定．评价一篇论文的水平高低和质量优劣并不是看字数的多少，而是依据论文的科学性、学术性、理论与应用价值等等．因此，论文的篇幅应该根据题目的大小、掌握资料的多少而定．一般说来，篇幅过短，难以把问题分析得深刻、透彻．同样，洋洋数万言的论文也不容易写好，很容易变成资料的堆砌，显得杂乱无章．从当前教育科研的实际情况来看，一篇论文的篇幅一般以四千到八千字左右为宜，这也比较符合读者的阅读心理．

（四）论文写作

拟定了提纲后，就可以按提纲进行写作．由于研究的内容不一样，研究者的写作水平、习惯等也不一样，因此，论文写作过程往往因人而异．但下述四点是写作中具有共性的问题,应加以注意.

1. 注意立论、推论和表述的科学性. 论文是科学研究的结晶,丧失了科学性,论文就不成其为论文了. 因此,在写作中,提出论点、运用概念、进行推论时都应该充分注意是否科学、严谨,任何夸大其辞的表述都会降低论文的质量.

2. 注意论点、论据和论述的逻辑性. 一篇好的论文,必须论点明确,论据确凿,论述严密,形成三者间的逻辑统一. 因此,只有观点,没有材料,固然会使人觉得空洞无物,缺乏说服力;但不加取舍,大量堆砌材料,同样也会使一篇论文不得要领,缺乏深度;而有了论点、论据,却缺乏合理、严谨的论述,仍然会使人感到杂乱无序,理不出头绪. 因此,在写作过程中,研究者应该对搜集到的大量材料进行提炼、取舍,精选出最有价值的论据来支撑论点. 同时,在论证过程中,应层层递进,以便使论点、论据、论述三者间形成严密的逻辑关系.

3. 注意数据和文字表述的有机统一. 为了科学、准确地表述研究成果,在一篇论文中必须提供数据,尤其是观察报告、调查报告、实验报告以及测量报告等以直接研究、获取第一手资料为主撰写的论文,更要十分重视数据. 但是,有的初学论文写作者认为只要有数据,就可以证明研究的成功,从而在论文中大量罗列数据. 其实,这种观点是片面的,在一篇论文中,数据只是用作分析的素材,主要的部分还是文字论述. 缺乏数据固然会削弱说服力,只有数据则会混同于统计报表. 因此,在论文写作中,应该有选择地提供具有代表性的数据,同时,也应该重视对数据的逐层分析,展开充分论述,才能使论文具有较高的可信度和理论深度.

4. 注意典型分析和一般分析的结合. 以往,我们比较重视典型分析,通过对典型事例的解剖和分析,来论证某个观点. 近年来,在教育科研中,随着计量研究的兴起,人们又转而重视对总体、一般的分析. 典型分析较为生动、丰富,但往往缺乏普遍意义. 而一般分析正好与之相反. 因此,在论文撰写中,只有注意两者的结合使用,才能更具有说服力. 例如在一篇运用数学自学辅导教学法提高学困生成绩的实验报告中,研究者列举了一系列的统计数字对实验对象的总体情况进行分析,论证实验的有效成果. 如果再能补充一些典型事例,如某个原来十分突出的学困生在学习习惯、学习情绪等方面发生的变化,就可以使论文更丰富、充实,更有深度,从而也可以更为有力地表明实验研究所取得的成效.

(五) 推敲修改

修改、补充、完善论文是一个必不可少的环节. 常言道:"反复推敲出佳句,精心修改得华章."论文初稿完成后,应对论文从头至尾反复地阅读,逐字逐句地推敲,审核论点是否明确、论据是否充足、论证是否合理、结构是否严谨、解题方法是否最优、计算是否准确等等. 必要时对论文内容应增、删、换、移,力求使文章的文气前后贯通,浑然一体. 通过删芜去繁,使论点更为突出、论证更为有力、文字更为精炼.

首先,要作严格的自我审阅,自我修改. 最好先把稿子放一段时间,头脑冷一冷后,再用第三者的眼光,与文章保持一定的距离,较客观地进行阅读,这样可能更容易发现问题. 总之,在写作时,要能钻进去;在修改时,要能跳出来. 在写作时,要"深信不疑";在修改时,要"吹毛求疵". 甚至要把自己放到论敌的位置上,从鸡蛋里挑骨头,越"苛刻"越好. 如果带着"自我欣赏"的情绪修改自己的论文,那就必然难以下笔.

其次,在文章的修改过程中,还可以请同行审阅,以征求更多的修改意见. 俗话说:"当局者迷,旁观者清",有些问题,论文撰写者自己难以发现,旁人却很容易看出来. 在请别人阅读指正时,一要诚恳,抱着诚恳的态度虚心请教,别人才会提出修改意见;二要虚心,对于别人提出的意见,要认真考虑.

俗话说,好文章是磨出来的. 一篇高质量的学术论文正是在不断的推敲修改基础上形成的.

(六) 撰写摘要

摘要是对论文内容准确概括而不加注释和评论的简短陈述. 摘要是读者判断论文价值和是否值得阅览的依据. 写好摘要是教师写作所必须具备的基本功. 如果一篇内容价值较高的学术论文,其摘要写得庸淡,不能体现论文的特点和学术价值,将带来一系列不利影响. 摘要一般包括课题研究的意义、目的、方法、成果和结论等. 摘要应具有独立性,要简明扼要,引人入胜. 摘要一般不超过

300 字. 关键词是论文中最活跃的专业名词,一般选用 3～8 个.

(七)署名和致谢

1. 署名. 论文的署名者应是积极参与整个研究过程,并对全文的观点和依据有全面而一致的认识,以及对论文承担学术责任者. 有些集体研究的课题成果,可以用课题组署名,并对执笔者加以说明. 署名一般放在论文题目下面. 有些集体署名的,可以在论文后面列出课题组成员的名单.

2. 致谢. 对在课题研究和论文写作中给以切实指导和帮助的人员应该致谢,这既是一个科研工作者的学术道德,也是应有的文明礼貌. 致谢一般放在全文之后,参考文献之前,另起一行,加括号.

第三节 教育科研论文的发表

做研究与写论文是互相联系的. 论文本身就是研究工作的成果;研究需要用论文的形式加以表达. 一般来说,做研究工作是写好论文的前提. 没有深入地研究,很难写出高质量的论文. 另一方面,有时候确实开展了一定的研究工作,但是论文的质量却不尽如人意. 撰写好论文后,要了解期刊的特点及选稿要求,增加投稿的命中率.

一、期刊分类介绍

期刊分级的主要目的是为了从所有的期刊中提取凸显少数优秀的重点期刊,故一般分级层次不多,大多为 2～3 级,少数在 4 级以上.

(一)核心期刊

简单地说,核心期刊是学术界通过一整套科学的方法,对于期刊质量进行跟踪评价,并以情报学理论为基础,将期刊进行分类定级,把最为重要的一级称之为核心期刊.

（二）中文核心期刊

对中国（不含港、澳、台）出版的期刊中核心期刊的认定，目前国内比较权威的有两种版本.一是中国科技信息研究所（简称中信所）每年出一次的《中国科技期刊引证报告》（以下简称《引证报告》）；另一种是北京大学图书馆与北京高校图书馆期刊工作研究会联合编辑出版的《中文核心期刊要目总览》（以下简称《要目总览》）.《要目总览》收编包括社会科学和自然科学等各种学科类别的中文期刊.《引证报告》统计源期刊的选取原则和《要目总览》核心期刊的认定各依据了不同的方法体系，所以二者界定的核心期刊（指科技类）不完全一致.

（三）国家级期刊

一般说来，"国家级"期刊，即由党中央、国务院及所属各部门，或中国科学院、中国社会科学院、各民主党派和全国性人民团体主办的期刊及国家一级专业学会主办的会刊.另外，刊物上明确标有"全国性期刊"、"核心期刊"字样的刊物也可视为国家级刊物.

（四）省级期刊

由各省、自治区、直辖市及其所属部、委、办、厅、局主办的期刊以及由各本、专科院校主办的学报（刊）.

（五）学术期刊

学术期刊刊发的文献以学术论文为主，而非学术期刊刊发的文献则以文件、报道、讲话、体会、知识等为主，它只能作为学术研究的资料，而不是论文的文章.由于《要目总览》选刊的依据是载文量多、收录量大和被引次数多，并不强调学术期刊与非学术期刊的界线，对此自然也就没有进行严格区分.具体说来，《要目总览》学术与非学术不分，主要表现在两个方面：一是期刊的定性，二是期刊的宗旨.

（六）CN 类刊物

所谓 CN 类刊物是指在我国境内注册、国内公开发行的刊物. 该类刊物的刊号均标注有 CN 字母,人们习惯称之为 CN 类刊物.

（七）ISSN 类刊物

现在许多杂志则同时具有 CN 和 ISSN 两种刊号. 所谓 ISSN 类刊物是指在我国境外注册,国内、外公开发行的刊物. 该类刊物的刊号前标注有 ISSN 字母.

（八）CSCD 期刊

中国科学引文数据库(Chinese Science Citation Database)来源期刊简称为 CSCD 期刊. 中国科学引文数据库分为核心库和扩展库. 核心库的来源期刊经过严格的评选,是各学科领域中具有权威性和代表性的核心期刊. 扩展库的来源期刊也经过大范围的遴选,是我国各学科领域较优秀的期刊. 核心库期刊:669 种(以 * 号为标记);扩展库期刊:378 种(动态).

（九）科技论文统计源期刊

科技论文统计源期刊又称为中国科技核心期刊,是由中国科学技术信息研究所经过严格的定量和定性分析选取的各个学科的重要科技期刊. 2005 年中国科技论文统计源期刊共 1608 种.

（十）SCI 期刊

英文全称是 Science Citation Index,它是美国科学情报研究所出版的一部世界著名的期刊文献检索工具. 它收录全世界出版的数、理、化、农、林、医、生命科学、天文、地理、环境、材料、工程技术等自然科学各学科的核心期刊 3700 多种. 通过其严格的选刊标准和评估程序来挑选刊源,使得 SCI 收录的文献能够全面覆盖最重要和最有影响力的研究成果.

（十一）SSCI 期刊

SSCI 即社会科学引文索引（Social Sciences Citation Index），为 SCI 的姊妹篇，亦由美国科学信息研究所创建，是目前世界上可以用来对不同国家和地区的社会科学论文的数量进行统计分析的大型检索工具. 1999 年，SSCI 全文收录 1809 种世界最重要的社会科学期刊，内容覆盖包括人类学、法律、经济、历史、地理、心理学等 55 个领域. 收录文献类型包括：研究论文、书评、专题讨论、社论、人物自传、书信等. 选择收录（Selectively Covered）期刊为 1300 多种.

二、中学数学教育教学类期刊的选稿要求

中学数学教育教学类期刊（以下简称中数期刊）稿源丰富，刊用率一般在 10％左右，甚至更低. 大量的来稿使稿件外审在审稿质量和时间周期方面都不易把握，而且增加经济负担. 现在中数期刊的编辑一般都具有数学本科或本科以上学历，部分编辑还有中学数学教学的经历，在知识和能力上编辑都可以应对稿件的审核，所以中数期刊大部分稿件的审稿可以在编辑部内部完成. 中数期刊的审稿要求根据自身特点拟定. 结合科技期刊审稿要求和多年中数期刊运作经验，中数期刊的三审制要求一般安排如下.

（一）初审要求

初审是保证期刊学术水平的第一道关和缩短论文刊发周期的重要环节. 由于中数期刊来稿量大，论文质量参差不齐，水平差异较大，所以中数期刊的初审需要先就选用的前提条件核查论文是否达到续审要求.

1. 符合本刊刊发范畴

论文是否符合本刊要求是初审时首先要考虑的问题. 如果论文不符合本刊刊发范畴，编辑可作退稿处理或建议他投.

2. 论文是否有政策和法律性问题

来稿是否有涉及到国家版图、民族政策、版权和科技保密规定等方面违反国家现行法律法规的问题. 这些问题涉及期刊的生存和发展，初审人必须予以

充分关注.

3. 论文是否有创新点

中数期刊文章的创新点一般体现在教育理论指导教学实践的科学性和可行性、教学内容的处理、教学方法的有效性和针对性、解题方法的合理性和正确性以及初等数学研究成果等方面. 这些方面的创新不易用相应的标准来衡量比较,且由于来稿量大,或初审编辑的水平有限,初审时不能对文章创新点作深入的审查,因此初审编辑可以对文章的创新处提出自己的看法,提请续审人注意审核.

4. 是否有抄袭、拼凑等问题

论文的基本要求是原创性. 中数期刊的来稿中有少数作者的论文过多地参考和引用了别人的成果,甚至由复制、粘贴拼凑而成. 此类论文可以将论文的文题、作者、一级标题和关键词等作为检索词在期刊数据库和相关中学教学类网站核查. 另外,经验表明一稿多投的文章多在半年左右的时间里陆续刊出. 由于期刊上网有半年左右的时差,所以对同类期刊近半年刊发的文章要认真阅读,避免一稿多投文章刊出.

5. 初审结论

初审结果有下列两种处理方式.

退稿:以客观实际的态度委婉地说明不能录用的原因,以免伤害作者,做到退稿留人.

续审:如果来稿符合初审要求,可进入续审. 注意初审编辑要给出论文创新点的意见. 初审时不能确定论文的新意是否有意义的稿件也可进入续审环节.

(二)二审要求

经过初审、进入二审的稿件大幅减少,但对每一篇论文的结论进行推理验证工作量仍然较大,需要进一步筛选. 二审是决定稿件能否采用的关键一环. 二审重点核查论文质量优劣的要素:原创和新意.

1. 核查创新点

论文创新点核查是二审的重点,所以二审的审读意见要有关于论文的选题、作者的思想和方法措施等方面创新的具体意见. 并且确定论文的新意符合教育教学规律和具有可行性.

2. 二审结果有下列几种处理方式

退稿:不符合原创和创新要求的论文及时退稿. 退稿意见可参考初审退稿要求.

退修再受理:如果论文有新意,但部分事例不当、概念语言表述有疑义,或论文有创新思想但问题考虑不全面等,可在尊重作者的基础上提出疑问或修改意见,建议作者修改,使之符合杂志刊发要求. 特别强调建议修改的稿件,一般指按要求修改后可录用的稿件.

续审:如果论文符合二审要求,可进入决审. 对进入决审的论文,审稿人在原创和创新两方面都要给出明确的意见.

(三)决审要求

决审是审核论文学术水平的主要环节. 决审的重点是审核论文的学术水平,并检验录用论文的数据和推演的正确性.

1. 论文是否符合期刊当期要求

中数期刊是为中学数学教学服务的,刊发周期需要考虑中学数学的教学实践,因此当期刊发文章时应该与教学进度有一定的关联性.

2. 论文学术价值、社会价值检查

进一步审核论文的创新点. 中数期刊的论文多是对教学内容和教学模式的讨论,所以论文的学术价值体现在对教学内容的处理和教学模式改革等思想方法上的创新. 期刊选稿不鼓励强调应对考试的文章. 对偏题、怪题和难题的奇思妙解也持保留态度. 考虑到中数期刊对中学数学教学有导向作用,所以中数期刊在强调学术价值的同时也体现了期刊的社会价值. 期刊的社会价值还体现在积极关注中西部地区优秀稿件的选择. 我国地域广大,各地教育发展存在一定的差异,中西部教育欠发达地区的论文可能不是最新的理论探讨或热点课题研究,但反映了那一地区教育教学的实际状况,具有地区特点,中数期刊应该予以客观反映. 选稿时在不降低要求的前提下,注意地区刊发稿件的均衡,提请社会关注中西部初等教育.

3. 推演计算、细审数据是否正确

中数期刊录用率较低,大量的稿件如果在一、二审予以验算数据是否准确,工作量较大,所以可以把数据验算放在决审.

4. 确认是否原创、一稿多投

用电子邮件和手机短信等方式与作者联系确认是否原创、一稿多投等.决审与作者联系关于原创性的确认具有警醒的意义,避免可能的纠纷.由于现行法规没有限定作者不能一稿多投,所以一稿多投的现象时有发生,确认是否一稿多投也具有告知作者此稿本刊拟采用,请勿他投或通知已他投的期刊编辑部,避免重复刊出.

5. 决审处理

通过决审的稿件经编辑加工后即准备刊发,同时向作者发出用稿通知.部分符合用稿要求,由于篇幅限制或栏目调整撤下的稿件,若准备下期使用,应该和作者联系,告知稿件处理情况,征得作者同意,避免作者他投.

上述审稿过程安排主要考虑到来稿较多,如果在初审中确定论文的原创性,工作量很大,且抄袭、拼凑的论文毕竟是少数,所以初审重点是审查论文选题的意义和创新点.经过初审,稿件大幅减少,但在二审中对每篇论文数据演算验证仍是力不从心,因此二审的重点是论文创新点的检查,且创新点的检查仍侧重在论文是否依据教育教学理论从较高的思维层面、新颖的角度处理教育教学实践中出现的问题.在决审中由于相比较稿件较少,编辑部可以集中精力和人力检查论文的创新点、公式和数据材料等能否支撑其观点.

中数期刊定位是为中学数学教学服务的,而中学数学的核心内容长期以来只有微幅调整,所以中数期刊的来稿很多情况下讨论的问题可能相仿、观点和方法表面看似乎类似,但在关键处却可能有本质的差异,因此编辑部要保证每篇稿件均经过认真的审读,审读结果有具体的处理意见.如何在大量的稿件中将优秀稿件选出是编辑部最关注的问题,上述选稿要求和编辑责任的具体实施并达到预期目的还依赖编辑的责任心和编辑对教育形势、教育规律的认识,对教育理念的理解、学科知识的掌握以及个人文化修养等.因此编辑在工作的同时还应该加强自身学习,与时俱进地提高自身文化知识积累,才能把工作做好.

三、选择适合论文的期刊

应根据文章的学术水平和内容科学选择期刊发表文章. 其实,在写文章之前,你就应该规划文章的去向,也就是说这篇文章是为特定期刊"量身定做"的,这样录用率就会很高! 如果你的文章准备投稿,那么还应该注意以下几个问题.

1. 精心设计标题. 独特的、注目的、切合文章主题的、带有一点文学色彩的标题,能一下子吸引编辑和读者的眼睛,所以对标题一定要引起足够的重视,要精心设计,不要马虎了事,要文题对应,不要哗众取宠.

2. 重视开头和结尾. 有些教师喜欢在开头和结尾侃侃而谈,洋洋洒洒,实际上这种做法是不合适的. 首先是杂志社的编辑不喜欢这种稿件,其次是所表述的内容往往是人所共知的. 所以,一般情况下,文章以开门见山为宜. 文章的结尾不要写成重复形式,应当起画龙点睛的作用.

3. 内容实一点. 一篇教研论文,尤其是数学教研论文,不仅要有明确的论题或论点,而且要有充分的论据,据实说理. 很多教师写文章空话套话大话很多,而真正有用的实质性的东西很少,有的题目很大,材料很少,读起来空洞无物. 如"数学教学与素质教育",这是一个非常大的题目,想在一篇文章中讲清它,实在太困难了. 切忌"放之四海而皆准"但空洞无物的说教.

4. 文字简一点. 简洁,是一种美,对于数学教研论文更是如此. 一篇文章能用 500 字讲清楚的,就不用 501 字.

5. 对象准一点. 你的文章是写给谁看的? 如果是写给教师、教研人员看的,可写得专业化一些;如果是写给学生看的,就应该尽量写得通俗一点,活泼一点.

6. 适合所投杂志. 选择合适的期刊,参照其《征稿启事》或一贯风格撰写论文. 论文是为哪一家期刊而写,在论文写作之前就应该明确,一般应避免论文写完了再找相应的杂志,这样即使稿件能被杂志接受,也得再按照杂志社提供的格式进行修改,必然是事倍功半. 根据期刊征稿要求撰写论文,是确保论文得以顺利发表应注意的首要问题,并注意及时性. 如,有的期刊主要刊登数学竞赛方面的文章,而你的文章主题是课堂教学,即使学术性较高,杂志也不会刊登.

7. 做到表述规范.仔细校对自己文章的明显差错,如错别字、标点符号、数字用法、量和单位、外文字母、主宾搭配等等;认真核对文章中的资料来源和史实;尽量符合所投杂志的书写或打印格式;注意参考文献的著录规范.

一篇论文的形成必定参考了许多文献,列出参考文献的目的就是让读者容易找到作者所参考的文献,因此所列出的参考文献一定要是论文中提及的. 在摘录文献观点的同时,要按照参考文献的著录项目仔细记录,切勿漏记、错记,这是论文撰写不可忽视的问题.(具体著录格式可参见本书所附的参考文献)

案例 3.3.1

面点师与混沌[①]

2009 年上海市春季高考第 11 题如下.

以下是面点师一个工作环节的数学模型:如图,在数轴上截取与闭区间 $[0,1]$ 对应的线段,对折后(坐标 1 所对应的点与原点重合)再均匀地拉成 1 个单位长度的线段,这一过程称为一次操作(例如在第一次操作完成后,原来的坐标 $\frac{1}{4}$、$\frac{3}{4}$ 变成 $\frac{1}{2}$,原来的坐标 $\frac{1}{2}$ 变成 1,等等).那么原闭区间 $[0,1]$ 上(除两个端点外)的点,在第二次操作完成后,恰好被拉到与 1 重合的点所对应的坐标是_____;原闭区别 $[0,1]$ 上(除两个端点外)的点,在第 n 次操作完成后 $(n \geqslant 1)$,恰好被拉到与 1 重合的点所对应的坐标为_____.

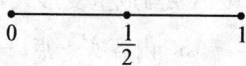

1. 数学模型

建立函数模型:$f(x)=\begin{cases} 2x, 0 \leqslant x \leqslant \frac{1}{2}, \\ 2-2x, \frac{1}{2}<x \leqslant 1, \end{cases}$ 即 $f(x)=1-|1-2x|$,

$x \in [0,1]$. 面点师工作环节的数学模型是函数 $f(x)$ 的 n 次迭代函数.

---

① 王凤春,孙浩. 上海中学数学. 2010,1.

记 $f^1(x) = f(x)$，$f^2(x) = f(f^1(x))$，$\cdots$，$f^{n+1}(x) = f(f^n(x))$. 下面研究函数 $y = f^n(x)$ 的性质.

因为函数 $f^1(x) = 1 - 2\left|\dfrac{1}{2} - x\right|$ 的图象关于直线 $x = \dfrac{1}{2}$ 对称，所以 $f^2(x) = 1 - 2^2\left|\dfrac{1}{2^2} - \left|\dfrac{1}{2} - x\right|\right|$ 的图象也关于 $x = \dfrac{1}{2}$ 对称. 当 $0 \leqslant x \leqslant \dfrac{1}{2}$ 时，$y = f^2(x)$ 的图象又关于 $x = \dfrac{1}{4}$ 对称，于是，函数 $y = f^2(x)$ 以 $T = \dfrac{1}{2}$ 为周期.

同理，$y = f^3(x)$ 的图象关于 $x = \dfrac{1}{2}$ 对称；当 $x \in \left[0, \dfrac{1}{2}\right]$ 时，又关于 $x = \dfrac{1}{4}$ 对称，当 $x \in \left[0, \dfrac{1}{4}\right]$ 时，关于 $x = \dfrac{1}{8}$ 对称，于是 $y = f^3(x)$ 以 $T = \dfrac{1}{4}$ 为周期.

一般地，函数 $y = f^n(x)$ 在区间 $[0, 1]$，$\left[0, \dfrac{1}{2}\right]$，$\cdots$，$\left[0, \dfrac{1}{2^{n-1}}\right]$ 上的对称轴分别为 $x = \dfrac{1}{2}$，$x = \dfrac{1}{4}$，$\cdots$，$x = \dfrac{1}{2^n}$，因而 $y = f^n(x)$ 有如下性质：

(1) 以 $T = \dfrac{1}{2^{n-1}}$ 为周期；

(2) 有 $2^{n-1} + 1$ 个零点，分别为 $x_i = \dfrac{i-1}{2^{n-1}}$ $(i = 1, 2, \cdots, 2^{n-1} + 1)$；

(3) 相邻两个零点的中点坐标为 $\left(\dfrac{2i-1}{2^n}, 0\right)$ $(i = 1, 2, \cdots, 2^{n-1})$，即 $f^n\left(\dfrac{2i-1}{2^n}\right) = 1.$

2. 问题解决

在第二次操作完成后，恰好被拉到与 1 重合的点所对应的坐标是 $\dfrac{1}{4}$，$\dfrac{3}{4}$. 原闭区间 $[0, 1]$ 上（除两个端点外）的点，在第 n 次操作完成后，恰好被拉到与 1 重合的点所对应的坐标为 $\left(\dfrac{2i-1}{2^n}, 0\right)$ $(i = 1, 2, \cdots, 2^{n-1})$.

3. 抽象研究

其实，$f(x) = 1 - |1 - 2x|$，$x \in [0, 1]$ 是分形几何中的帐蓬映射，其 n 次迭代函数关系式为 $x_{n+1} = T(x_n) = \begin{cases} 2x_n, & 0 \leqslant x_n \leqslant \dfrac{1}{2}, \\ 2 - 2x_n, & \dfrac{1}{2} < x_n \leqslant 1, \end{cases}$ 它包含了状态演

化的主要因素——驱动、耗散和非线性. 驱动因素总要使系统离开原有的状态, 而耗散因素总要使系统保持原有的结构, 力图不要使状态演化得太远, 这种非线性相互作用使状态更具有几何、拓扑上的多样性. 帐蓬映射是说明自然界状态演化的拓扑形态的较简单的例子, 它的第一半是驱动状态的演变, 它将原有的长度均匀伸长两倍, 第二半是耗散因素, 它不使状态演化到无穷, 又将伸长的间隔折叠回来, 因为一个 x_{n+1} 映射成两个不同的 x_n, 这种伸长折叠的过程如下图.

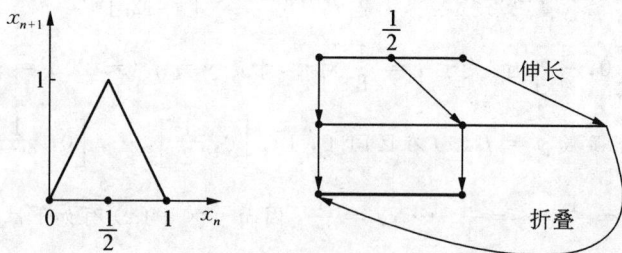

作 $T^2(x)$ 和 $T^m(x)$ 的图象如下. 数学家通过对 $T^m(x)$ 和 $y=x$ 的交点及周期解的研究, 发现帐蓬函数有各种各样的周期轨道, 这些周期轨道都是不稳定的, 根据 Li(李天岩)-Yorke 定理, 帐蓬函数有混沌(此处不再详述)……面点师的生产劳动蕴含着高深的数学思想, 这正是数学来源于生产劳动的一个例证, 是数学家与面点师的共同之处.

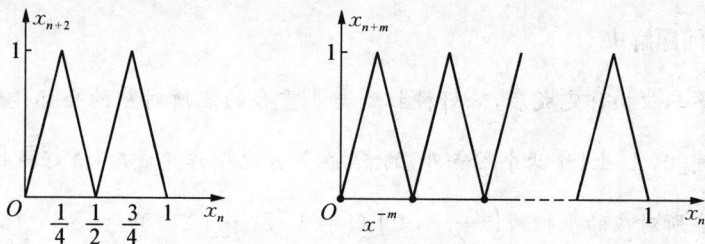

[点评] 作者不仅对问题进行了完美地解决, 还分析了此问题的抽象函数是分形几何中的帐蓬映射, 其 n 次迭代函数关系式为 $x_{n+1} = T(x_n) =$
$$\begin{cases} 2x_n, 0 \leqslant x_n \leqslant \dfrac{1}{2}, \\ 2-2x_n, \dfrac{1}{2} < x_n \leqslant 1, \end{cases}$$
最后得出结论: 面点师的生产劳动蕴含着高深的数学

思想,这正是数学来源于生产劳动的一个例证,是数学家与面点师的共同之处.

本文的题目新颖贴切,符合文章的本意,从高观点研究数学的本质,为教师的教育科研及论文撰写提供了可供借鉴的途径和方法.

四、合理投送稿件

投稿的关键一步是选择期刊,选择的前提是了解相关刊物.因此,在投稿前首先要找到近期出版的期刊进行选择翻阅.可以从以下五点来了解各个刊物的特点:(1)所选期刊最近几期的热门话题是什么?(2)所选期刊所设的栏目有哪些?(3)所选期刊最倾向发表的论文是哪一类的?比如研究类、工作类、实践类、技术类、课题类等.(4)所选期刊的编辑人员风格有什么偏重?(5)所选期刊的投稿方式、联系方式、稿件处理周期和发表周期等.只有针对性地投稿,才有发表的可能.在进行论文投稿时,一定要依据自己稿件的内容和水平,针对不同刊物的办刊风格及栏目侧重点,选择合适的刊物进行投递.

注意正确的投稿方式.初次投稿或很少投稿的作者总是把投稿方式神秘化,不知道采用哪种方式才能把辛苦之作安全快速地发送到编辑部,并引起编辑们的注意.实际上投稿并不神秘,把内容完整、格式完备的文章,按照编辑部公布的最新地址、投稿方式进行投递即可.第一,作者可以通过各编辑部网站发布的投稿指南查阅到每种刊物的地址及联系方式,将它们汇集、整理打印出来,便于查找.需要提醒大家注意的是,一定要对编辑部的邮寄地址、电子邮箱认真核查确认.网络之中鱼龙混杂,不乏无良之辈混迹其中,提供虚假的邮箱地址,以此骗取作者论文,剽窃他人学术成果,因此,一定要认真核对地址后再寄出.第二,有些编辑部为节约成本,只接收打印稿,不接收电子稿件,因此,在投递前要弄清编辑部的稿件接收方式.第三,就是信封的规格及其书写的格式要符合邮局的规定,以保证信件可以安全地邮送到编辑部.第四,若采用网上投稿,最好经常上网关注编辑部对稿件的动态处理;如果是邮寄的稿件也可通过电话与编辑部联系,一则确认稿件是否收到,二则在稿件处理周期时间快到时,查询稿件是否采用.若是收到录用通知,则可根据通知要求,补充缺项.第五,切记不要一投多稿或一稿多投.

思考题

1. 高级职称评定及骨干教师评定为何有教育科研的硬性指标？

2. 分析中学数学教育期刊的特点，选择适合自己论文的期刊投稿.

3. 论文的选题为何要关注教育改革的热点问题？

4. 写一篇教学论文. 题目自拟，要求：字数少于 3000，以教学中遇到的问题为主要内容.

第四章

中学数学教育课题研究

　　课题研究是教师自身提高的需要. 课程改革要求教师要勇于实践、敢于创新,新课程对教师提出新要求:教育教学工作的模式由"经验型"转向"科研型". 而做课题研究是提高教师的教育理论水平和教学实践能力的最佳途径. 位于教育教学第一线的教师,每天都会遇到众多的问题,我们习以为常地处理各类问题,有些容易解决,有些不易解决;有些问题可能解决得好,有些问题可能解决得不尽如人意. 但是,并非所有的问题都可以成为教科研课题. 什么样的问题可以作为教科研课题呢? 为了回答这个问题,我们首先需要了解教育课题研究有哪些特点. 教育课题研究是为了改进和改善教育教学行为,解决工作中的问题和困惑,它和教育教学工作是密切联系的. 课题的提出来源于教育教学中的问题,课题实施的过程就是有计划、有步骤、不断反思调整的教育教学行动,而课题的成果就是解决问题的钥匙.

第一节　课题研究概述

　　教育科研是促进教师专业成长的重要途径. 一提起课题研究,很多教师都有这样一种心理,认为课题研究是专家、学者的事情,作为一个普通教师没办法做,似乎研究是十分高深的事情,自己无法涉猎. 随着新课程理念的深入,越来越多的教师积极参与到课题研究中来,希望提高自身的教育科研水平,从而能更好地为教学服务.

一、什么是课题研究

课题研究是运用科学的研究方法去探索教育的客观规律的过程,也是通过认识教育规律来提升教师素质、提高教育教学质量的过程.

中小学教育课题研究必须坚持以校为本的原则,密切结合学校、教师和学生实际.

二、课题研究的特点

系统性,有计划,多因素.

规范性,区别于纯粹的经验行为.

整体性,研究的不是一个独立的问题.

规律性,尽可能合乎教育规律.

创新性,有理论和实践的新意.

三、课题研究与常规教研的关系

中小学教师应该以常规教研活动为主要的研究形式.课题研究离不开常规教研,但是,常规教研活动要求全员参加,课题研究不必追求人人参与.

课题研究和常规教研是相互依存、相得益彰的关系.课题研究必须与常规教研活动紧密结合,不要出现"两张皮"的脱节现象.

四、中小学教育课题研究存在的问题

在中小学教师表现出令人欣喜的科研积极性的同时,在选取课题和制定课题方案时,还存在"大、高、多、少"四大缺陷,即课题大、要求高、内容多、措施少.

（一）课题大，概念模糊

有些学校选取的课题，题目很大，而对课题的界定却比较模糊，未能把课题研究的基本概念明确地、清晰地表述出来. 有些课题方案在标题和文字、逻辑性和语法方面，存在着不够严谨等问题；有些课题方案的项目内容有缺陷，显得不够完整.

学校领导和教师，要明确认识中学数学教科研的主要目的，是促进学校、学生和教师的发展，尤其是要促进中学生和教师的发展. 教科研的核心是为学生的可持续发展服务，为教师的专业发展服务. 选取的课题应紧密联系学校的教育教学工作实际，结合教师的具体情况，具有一定的实际价值，富有创新性和可行性，既要有利于培养学校精神文化，形成办学特色，又要适合教师研究，促进教师成长. 也就是要把教育教学实践工作中经常遇到的难点、重点、热点和关键问题，作为教科研的选题，把教科研的立足点和出发点放在教育教学实践问题的研究上. 研究的问题来自教师的教育教学实践，这样的研究既容易激发教师的研究兴趣与欲望，也容易见成效.

课题选定立项后，要认真撰写和完善课题方案，对课题的内涵界定、研究目标、研究内容、过程安排、研究力量组织（包括经费投入、后勤保障等）方面都要作好周密考虑和具体安排. 同时，制定好与主课题相对应的子课题的具体操作方案或计划，而不是用三言两语的表格式来敷衍了事，应付检查. 子课题方案和计划不具体，或者说缺少方案或计划，将给研究的具体操作带来一定困难，更不要说如何进行成果检验或结题鉴定.

在撰写课题方案时，可先简后繁，先拟定好基本框架，然后再加以补充修正完整；可先易后难，先把考虑好的容易撰写的写好，待后再继续增添，补充完整；也可先听后写，先将基本框架告知相关教师，听取教师意见，吸取有益建议，最后加以完善. 从选取并确立课题到课题方案的撰写，是一个反复思考的准备过程. 据美国科学基金会、美国凯斯工学院基金会的调查表明：一个科研人员用在一个科研项目中研究图书情报资料上的时间，约占全部科研时间的三分之一到二分之一. 因此，切忌急功近利，临时抱佛脚，不要明天课题论证，今天才撰写课题方案，应提前一定的时间做准备，给自己留有足够的空间和余地.

（二）要求高，目标不明

有些学校的课题计划，对课题研究的目标要求定位很高，提出要从理论上作探索研究，摸索出规律性问题，但如何从理论上进行探索研究，又缺少明确具体的思路．这种课题研究目标既不明确又不集中，更没有突出重点，似乎是眉毛胡子一把抓，谈不上有什么重点，更缺少应有的特色．

中小学教育课题研究，一般来说，主要以应用性、实用性研究为主．提倡研究的课题应小而实在，富有新意；研究要求应适度恰当，目标明确，不但要有研究的总体目标，还应有研究的具体目标．根据课题研究的要求，应将目标具体化、清晰化、系列化，有可能应形成层级"目标树"．课题研究目标越具体明确，越有利于开展研究，也越有利于过程检测和成果鉴定．

一般说来，开展课题研究必须具备主观和客观两方面条件．主观条件是指研究者的理论素养、业务能力、研究水平、知识储备、兴趣特长、时间精力等方面，即研究者对选取的课题应具有一定的理论准备、实践经验，并有充足的研究时间和精力．客观条件主要是指学校领导对教科研工作的态度以及重视和支持的程度，学校整体的教科研氛围，必要的资料、设备、经费等．学校领导和教师应全面权衡主客观条件，选取自己考虑比较成熟，能充分发挥自己优势和特长的课题，即可选取研究范围较小，研究内容比较具体，过程操作易于掌握，研究周期较短，且容易见效的课题．这样有利于教师边实践、边研究、边总结、边提高，促进课题研究与教育教学工作双丰收．

（三）内容多，缺乏重点

有些学校的课题方案，提出的研究内容非常全面，可以说是面面俱到．然而，这些课题方案提出的研究内容，共性方面的较多，即把别的学校、别的课题已研究过或正在研究问题，也列为本课题的研究内容，而缺少紧扣课题目标的个性化、特色化的要求和具体内容．

课题研究内容必须从课题的具体要求出发，按照学校的实际情况，即学校和教师的主客观条件，做到能抓住课题包含的主要内容和所涉及的问题进行研究．力求具体明确，紧扣研究主题，且有一定深度．能紧紧抓住和突出一两个主要问题,作为研究的内容,深入开展研究. 注意要突出研究重点,不要面面俱到. 对别校已做或正在做,或别人已研究过或正在研究的一般化的共性问题,不再列入本课题的研究内容.

为此,在确定课题研究内容之前,应运用文献研究法,检索文献资料,查阅与本课题研究有关的理论依据、研究背景、目前他人对同类课题研究的状况,如研究的目标内容、层面水平以及尚未解决的问题,了解掌握前人和他人同类课题的研究思路和方法等,在此基础上确立课题研究的思路和方法、具体目标和内容,以拓宽视野,进一步端正课题研究方向.

总之,课题研究要防止和克服华而不实的镀金主义,外强中干的形式主义,盲目轻率的拿来主义,目光短浅的功利主义,以确保课题研究沿着正确的方向健康有序地进行,如期达到研究目标,从而取得良好的研究成效.

（四）措施少,操作困难

有些学校的课题方案对应采取哪些具体措施开展课题研究,考虑得很少. 有的方案对研究措施甚至提也未提. 即使考虑到、提出了,也是笼而统之,既不明确也不具体. 如采用的研究方法,一般都只提教科研的"老三法",即调查法、观察法、实验法,对教科研"新三法"即行动研究法、个案（案例）研究法、教育叙事法等,却很少提及,有的甚至只字未提. 有些课题方案列举采用的研究方法,则有五六种之多,甚至把教科研的一般方法全都罗列出来,而不是根据课题研究的实际需要,选取恰当的有针对性的研究方法.

为确保课题研究有序顺利地运作,必须制定保障措施. 如课题研究的组织机构,研究力量的组合,研究人员的分工、训练和培训,研究过程的确定和具体安排,聘请顾问、指导教师,后勤保障,等等. 在考虑方案时就必须筹划好,而且要具体明确,不含糊. 教育课题研究是教育科学研究的重要组成部分,它是通过对所选取课题的设计,借助科学的研究方法,开展有针对性的探索,最终解决问题的一种创造性的认识活动. 一般要经过选取研究课题、查阅文献资料、设计研究方案、实施课题研究、整理分析资料、研究成果表述等过程. 选取并确定研究课题,设计制定课题研究方案,这是课题研究至关重要的前期工作. 能否认真地设计制定出一个科学、合理、完整、周密的研究方案,其中自然包括应采取的研究措施,这是直接关系到课题研究成败和研究质量高低的重要工作,必须认真对待.

　　实施课题研究过程,就是将课题研究方案付诸实施,将纸上的文字变为实际行动,最终成为现实的过程.它对促进教师从"教书匠"向专家型、研究型教师转变,具有重大的意义和作用.开展课题研究是培养科研型教师,促进专业成长发展的必要途径和重要形式.为此,必须注意课题选取和课题方案制定,做到课题小而实在,富有新意;课题要求适度恰当,目标明确;课题内容少而精炼,重点突出;课题措施具体周到,操作性强.

第二节　课题的分类

　　科研课题的一般类型有:理论性研究课题、实验性研究课题和综合性研究课题三大类.教育科研课题可以从多种角度进行分类.从研究的性质看,科研课题可分为理论性课题和应用性课题.教育规律的探索、方法论的研究、有关现象的特点的揭示、某些教育观念和教育思想的分析等都属于理论性课题,这类课题一般不针对某一具体教育现象,其研究成果具有较广泛的指导意义.如"中小学教师专业化建设的理论与实践研究"等课题.针对教育的具体实践,为解决教育实践中某一个领域或某一方面的具体问题展开的研究,属于应用性研究.如"构建师生互动的教学模式的研究与实验"、"中学数学审美能力培养与评价研究"等.应用性研究的成果一般可以直接用于教育实际.

案例 4.2.1

中学数学教学专业委员会对当前中学数学教育科研课题的分类

　　中国教育学会中学数学教学专业委员会,对当前中学数学教育科研课题进行了如下分类,同时给出了细目:

　　一、课程与教材领域

　　(一)关于中学数学课程目标的研究

　　1. "课标"中学数学课程目标的认识与研究.

2. "大众数学"与"精英数学"意义下的数学教育目标的研究.

（二）关于中学数学课程内容的研究

1. 中学数学课程传统内容更新的研究.

2. 中学数学课程新增内容的选择及可行性研究.例如,代数中多项式、行列式、矩阵等进入中学数学课程的必要性与可行性;统计与概率的内容选择;微积分的内容选择;算法的内容选择,等等.

3. 数学应用与应用数学的研究,例如,哪些应用数学宜纳入教学内容.

4. 数学探究、数学建模等课程的研究.

（三）关于中学数学教材结构体系的研究

1. 教材编写中逻辑顺序与心理顺序的协调.

2. 统一的综合结构与代数、几何分科结构的比较研究.

3. 中外数学教材结构体系、内容选择、核心概念处理、习题处理等的比较研究.

4. 我国不同版本现行中学数学教材的比较研究（结构体系异同,相同内容的不同处理方式等的比较）.

（四）使用"课标"实验教材现状的调查与研究

说明：以数学教学实践者的身份对中学数学课程与教材进行研究,可以把注意力集中在通过实施对课程目标、内容选择、结构体系编排、核心概念的处理方式等进行验证、反思上,因此需要在具体实践基础上进行理性概括.另外,有比较才能有鉴别,可以通过对国内与国外中学数学课程与教材的比较与分析,对我国当前的中学数学课程与教材发展进行评论与建议.

二、教学领域

（一）关于中学数学教学目标的研究

1. 对确定中学数学教学目标的依据的研究,对处理教学目标的统一性和灵活性关系的研究,等等.

2. 对根据教学内容和教学的实际,科学地、合理地制订教学目标的研究.

（二）关于中学数学教学内容的研究

1. 对数学教学中科学、合理地选取与组织教学内容的研究.

2. 对加强知识形成过程的教学,设置问题情境,引导学生参与数学活动,揭示数学本质的研究.

3. 对课题学习、活动课、实习作业等的教学实践与理论的研究.

（三）关于中学数学教学过程的研究

1. 对数学教学策略,课堂教学过程设计,教学组织形式的实践与理论的研究.

2. 对数学教学中情感因素的研究.

（四）关于中学数学教学方式的研究

1. 数学教学方式、方法的实践与研究.

2. 中学数学课外活动的方式、方法的实践与研究.

3. 在教学中,贯彻因材施教原则的实践与理论的研究.

（五）关于中学数学教学案例的分析与研究

1. 典型教学案例的分析与反思.

2. 通过教学案例对课程、教材、教学方式的理论思考.

说明:对于教学领域,需要运用新的教育理念为指导,结合中学数学教学的实践,发现教学中存在的普遍问题,理论联系实际,有的放矢地开展研究.

研究题目可以做得小一些,比如:对课堂观察的研究、对课外作业的设计与批改方式的研究、对作业错误的矫正与指导的研究等;再如,对各种教学方式和方法的特性、功能、适应性与局限性的研究等.

在研究中可以开展调查研究,比如:教师课堂情境创设质量的调查,教师提问质量的调查,课堂小结内容的调查等.

研究方法:可以开展教学实验,把定性研究与定量研究结合起来;通过案例分析,进行理论分析,开展比较研究等.

三、学习领域

（一）关于中学生数学学习心理的研究

1. 中学生数学知识及其思想方法认知发展特点的研究.

2. 针对具体数学内容的学习心理过程的研究.

（二）关于中学生数学思维与能力发展水平的研究

1. 初中生(或高中生)数学思维发展水平的研究.

2. 学生数学创新意识与实践能力发展状况的研究.

3. 促进数学学习困难生数学能力发展的研究.

4. 数学学习优秀生的数学思维发展特征的研究.

5. 培养学生创造性的各种方法的研究.

（三）关于中学生数学学习方法的研究

（四）关于影响中学生数学学习的情感因素的研究

1. 培养中学生数学学习兴趣的研究.

2. 激发中学生数学学习动机的研究.

3. 培养数学学习自信心的研究.

说明：希望在研究过程中对现状进行调查研究，或者进行实验研究之后，做出研究结论.

四、教师专业发展领域

（一）关于中学数学教师专业发展的现状与趋势研究

1. 数学教师专业发展的内涵、目的和意义的研究.

2. 数学教师队伍现状与专业发展需求的研究.

3. 数学教师的数学素养与高师院校数学课程设置的研究.

4. 新课程背景下数学教师专业发展的特点的研究.

（二）促进教师专业发展的途径与方法的研究

1. 提高数学教师自身数学素养，保持对数学的兴趣和具备知识更新能力等问题的研究.

2. 数学教师的数学素养、数学观、学生观与教学效能关系的研究.

3. 数学教师教学诊断能力与教学机智的研究.

4. 数学教师教育创新能力的研究.

5. 教学研究和教育科研促进数学教师专业发展的研究.

（三）关于不同教师群体专业发展的研究

1. 提高新教师数学教学基本功的研究.

2. 促进青年数学教师成长的研究.

3. 优秀数学教师基本特征的研究.

4. 任职年限与数学教师专业发展水平关系的研究.

（四）关于中学数学教学研究工作的研究

1. 校本研修促进数学教师专业发展的研究.

2. 在"以校为本"教学研修的背景下,关于教研机构与教研员职能、作用及工作方式的研究.

3. 各级教研组织及学校数学教研组开展教研活动内容、方式与效果的研究.

4. 有效利用"课例"开展教研活动的研究.

5. 数学教师研修活动的案例研究.

说明:研究教师的专业发展问题,就是要探索如何使教师成为具有现代教育观念的教育者,成为在学习型社会中具有可持续发展能力的学习者,成为具有课程实施与开发能力的教学活动的组织者,成为在实践中不断反思和自我完善的研究者.此外,对于中学数学教师而言,其专业发展中又有自身的特点和规律.具体选题时,可根据各自的实际和研究需要,从不同的范围、层面和角度来决定.例如,教研部门可针对教师队伍状况与专业发展需求进行调查研究;教师可以通过案例,描述自己在专业发展方面取得的重要进展;学校或教研组可对采用某种方式开展研修活动在促进教师专业成长方面产生的作用和影响进行调查研究、实证研究等.

五、信息技术领域

(一)关于与中学数学教学有关的信息技术的主要功能及内涵的研究

(二)有关信息技术促进知识内容间的联系、认识数学本质、感受数学整体性的主要案例

(三)关于信息技术软件开发设计的基本思路的研究

(四)关于网络在中学数学教学中的作用的研究

说明:强调提供解决具体问题的案例,用生动的案例论证.

六、测量与评价领域

(一)关于学生数学学业成绩评价的内容和方法的研究

1. 改进期中、期末考试命题工作研究.

2. 学生创造性思维、逻辑推理能力等的评价研究.

3. 研究性学习能力的测量、评价方法.

(二)关于课堂教学评价的标准、工具和手段的研究

(三)教师专业水平评价

1. 教师专业水平评价标准的研究.

2. 教学设计与实施能力评价的研究.

(四)大范围高利害考试对教师教学和学生学习的影响研究

1. 课程改革背景下的中考、高考改革研究.

2. 中考、高考命题中如何考查创新意识和实践能力的研究.

(五)考试命题科学化问题的研究.包括命题技术规范化的研究,考试手段现代化的研究

说明:对学生数学学业成就的评价研究可以包括对学生数学思维水平、抽象推理能力等的差异研究,研究性学习的测量、评价方法研究等.对数学教师课堂教学的评价研究可以包括对一堂好课的特征和评价指标研究.大范围高利害考试的研究可以有中、高考在课程改革理念下的改革问题,高考内容改革如何有利于学生创新意识的培养,题型功能的试验与评估,命题中如何突出创新意识和实践能力考查等研究.考试命题科学化问题研究可以有开放题的评价标准、计算器在考试中的作用等研究.对评价标准、工具和手段等的评价研究可以进行标准参照测验和选拔性考试试卷质量与水平的评价、试题难度的预测和控制等研究.

第三节　如何寻找课题

越来越多的教师走上了教育科研之路.然而,他们碰到的第一个难关是课题的选择.课题从何而来? 在教师日常教育教学工作中,蕴含着大量需要研究的课题,重要的在于如何去发现问题,如何学会提炼研究的思路和方法……一般地,选择合适的研究课题必须考虑三个基本因素:一是学校自身的经验和特点;二是教育教学实践中存在的问题;三是对教育发展有价值.

一、研究问题的主要来源

教育科学研究的课题主要来源于教育实践和理论文献两大方面,具体地

说,可以从以下六个方面来选择研究课题.

1. 源于工作实际

每个教育工作者都有自己的工作任务与职责,那么,如何提高工作的效率呢? 这里就有许多值得研究的课题. 例如,语文、外语教师研究如何提高学生的听说读写能力;数学教师研究如何培养学生的逻辑思维能力;化学教师研究如何培养学生的实验技能;学校教育管理人员研究如何对学校发展进行科学规划与管理等等. 要善于从本职工作中去寻找课题,加以研究.

2. 源于工作困难

教育工作者在教育实践中会遇到各种困难,工作中也会产生这样或那样的缺点,有的还带有一定的普遍性,解决这些问题对于提高教育质量有较大的意义. 例如,在新课程背景下如何评价教师的工作,如何鉴定学生的学习能力等问题,就是已经摆在我们面前至今没有科学答案的问题;作为学校管理者或教师,如何制定一套行之有效的方案就是一个很有意义的课题;初中对某些教学内容进行了弱化,如一元二次方程根与系数的关系等,而这些又是高中教学的重要基础,如何做好初高中教学的衔接是高中教师面临的困难,初中教师同样面临小学升初中的衔接问题.

3. 源于教育改革

在教育改革与教育事业发展中会遇到许多新情况、新问题,也就形成许多研究课题. 例如,关于学生学习方式变革的研究、关于构建新课程教学模式的研究、关于校长负责制改革的研究等等. 这些课题的研究,既能向教育行政部门提供决策的科学依据,也有利于微观教育问题的解决.

4. 源于经验总结

很多教育工作者从教育实践中积累了丰富、宝贵的教育经验,但这些经验往往又是零碎的、不自觉的,也未经科学检验. 因此,这些经验往往只用于自己的工作中,没有推广应用. 若运用经验总结法或实验法予以科学检验与总结,并给以理论的抽象与概括,就成了科研成果. 例如"单元教学法"、"边讲边练教学法"等等,都是通过这些途径得来的.

5. 源于教育现象

教育工作者在实践中,若能对某些教育现象悉心思考,深入调查,也会从中发现和形成颇有价值的研究课题. 例如,农村留守学生的心理健康教育,是学校、班主任、教师十分困惑的问题."留守学生"是一个普遍现象,也是一个严峻的问题,那么作为教育工作者,如何结合平时的德育工作、教学工作加强对他们的心理卫生健康教育,完全可以作为课题加以研究.

6. 源于课题指南

上级科研部门每个五年计划均有课题研究指南推出,我们可以根据学校实际情况,选择一些课题作为我们的研究课题. 此外,作为基层学校,我们不具备特别的研究能力,不能承担一些大型的项目研究,但可以申请成为实验基地学校或直接参加其中的子课题研究.

二、选题的基本原则

选题的原则至少应考虑以下几个方面.

1. 选题要跟随时代的脉搏

作为一名教师,应非常清楚时代的需求. 例如,"平面几何入门教学的研究",在 20 世纪 70 年代,是很好也是很热门的一个选题,但如果现在还在研究这方面的选题,就显得不合时宜了.

2. 选题新一点

选题要有新意,有独到之处. 主要包括三个方面:一是对无人研究的课题开展研究;二是对已研究过的问题进行研究后,有新的突破;三是题目要新.

作为一篇教研论文发表在杂志上,总要有一点新意. 一篇文章,如果证法新、结论新,当然是新意盎然. 如果是教学中的某个问题,别人已经发表过文章,那么就要选择一个新的角度,或者换一个更为典型的例证,或者就某一方面补充自己新的见解,甚至提出不同的意见.

3. 题目小一点

对于初次研究的教师来说,更应该从小问题入手. 小题目的选择余地大,其特点容易把握,一事一议,短小精悍. 如针对刊物中的某篇论文的观点或教材中的某处疏漏提出质疑,针对教学中的某个问题提出自己的观点,对某个竞赛题给出简证或推广,对某个问题给出新解或新的应用,等等. 这些小问题有的可能很小,只能小题小作,但可能很有价值.小问题的研究既是知识积累和教研能量积蓄的过程,也是练笔的过程,天长日久,当这种积累达到一定程度之后,就会产生质的飞跃,教研能力就会有很大的提高,教研就会向更高、更深的层次发展,也许有一天,你就能提出一些颇具挑战性的课题或问题,就有能力完成大题大作.

三、选题的途径

课题的选择,一般有如下一些途径:

1. 由研究部门或学校布置、安排的课题. 这类课题一般是教师根据自己的特点,从教学中存在的迫切需要解决的具有代表性、典型性、普遍性的问题中进行选择,并按一定的程序所确定的课题.

2. 在教学实践中细心观察、勤于思考,就某一方面(或某一点)触发灵感,经过提炼而产生的课题.

3. 在阅读有关报刊时受到某一论点启发而形成的课题.

4. 在与同行交谈、探讨、争论问题时,触发灵感,悟出其中道理而产生的课题.

5. 在参加有关学术会议听专题报告、经验介绍时受到启发,产生选题.

6. 在参加观摩课、公开课、随堂听课时,有感于教者的"教"或学生的"学"等活动过程,产生选题.

7. 在研究某一课题时,虽未取得突破性进展,但却产生了新的选题.

8. 同一个题材的内容,可以从多个角度去分析、去思考,从而得到多个不同的选题.

第四节　课题报告的撰写

课题研究是教育科研活动的一项重要内容."凡事预则立,不预则废". 对于课题研究,开题报告如同建筑的蓝图. 有了好的开题报告,才能使研究工作者有计划、有系统、有组织地开展研究工作,以保证课题研究任务的顺利完成. 因此,撰写开题报告是课题由设想转化为实际行动的关键步骤.结题报告是对课题研究工作所进行的总结,即对研究活动全过程中的各种记录、阶段总结、研究成果等进行汇总,并以书面总结报告的形式来反映.对于一个科研课题来说,撰写结题报告是课题研究的最后一个程序.

一、课题开题报告的撰写

开题报告是指开题者对科研课题的一种文字说明材料,是由选题者把自己所选课题的概况,向有关专家、学者、科技人员进行陈述,然后由他们对科研课题进行评议.设计开题报告本身就是一个相对完整的研究过程,要从问题出发,回答是什么、为什么、怎么做等问题.

(一)开题报告的含义与作用

开题报告也叫课题研究方案,它主要说明这个课题进行研究的理由、条件,自己有条件进行研究以及准备如何开展研究等问题,也可以说是对课题的论证和设计.

它是当课题方向确定之后,课题负责人在调查研究的基础上撰写的报请上级批准的选题计划.开题报告是课题研究质量和水平的重要环节.它初步规定了课题研究各方面的具体内容和步骤,对整个研究工作的顺利开展起着关键的作用.

(二)写好开题报告应做的基础性工作

首先,要了解别人在这一领域研究的基本情况,研究工作最根本的特点就是要有创造性,熟悉了别人在这方面的研究情况,才不会重复别人走过的路,而会站在别人研究的基础上,从事更高层次、更有价值的研究;其次,要掌握与课题相关的基础理论知识,理论基础扎实,研究工作才能有一个坚实的基础,没有理论基础,就很难有真正的创造.因此,一定要多方面地收集资料,加强理论学习,这样制定出的课题计划和方案才能更完善、更科学.

（三）课题开题报告的结构与写法

课题开题报告主要包括以下几个方面：

1. 课题名称

这看起来是个小问题，但实际上很多人写课题名称时，往往写得不准确、不恰当，从而影响整个课题的形象与质量. 那么，如何给课题起名称呢？

第一，名称要准确、规范.

准确就是课题的名称要把课题研究的问题和对象交待清楚，比如"普通中学学生数学学习能力与发展能力的研究"，这里面研究对象就是普通中学学生，研究的问题就是数学学习能力与发展能力. 而有些课题名称就不是很准确，比如，"学科教学中德育渗透的研究"这个名称，就没有把研究的对象、问题说清楚，是小学生、中学生，还是大学生，是所有的学科，还是单指数学、物理等. 总之，课题的名称一定要和研究的内容相一致，不能太大，也不能太小，要准确地把你研究的对象、问题概括出来.

规范就是所用的词语和句型要规范、科学，似是而非的词不能用，口号式、结论式的句型不要用. 因为我们是在进行科学研究，要用科学的、规范的语言去表述我们的思想和观点. 有一个课题名称叫"培养学生自主学习能力，提高课堂教学效率"，这个题目作为一篇经验性论文或者一个研究报告还可以，但作为课题的名称就不恰当，因为课题就是我们要解决的问题，这个问题正在探讨，正开始研究，不能有结论性的语气.

第二，名称要简洁，不能太长.

不管是论文或者课题，名称都不能太长，能不要的字就尽量不要，一般不要超过 20 个字.

2. 课题研究的目的和意义

研究的目的和意义也就是为什么要研究、研究它有什么价值. 这一般可以先从现实需要方面去论述，指出本课题研究的必要性、实际意义、理论作用和学术价值. 这些都要写得具体，有针对性，不能漫无边际地空喊口号. 主要内容包括：(1)研究的有关背景(课题的提出)：即根据什么、受什么启发而搞这项研究. (2)通过分析本地(校)的教育教学实际，指出为什么要研究该课题，研究的价值,要解决的问题.

3. 本课题国内外研究的历史和现状(文献综述)

一般包括:国内外已有研究的广度、深度、已取得的成果;寻找有待进一步研究的问题,从而确定本课题研究的起点、特色或突破点. 如果是小课题,文献综述可以省略.

4. 课题研究的指导思想

指导思想就是在宏观上应坚持什么方向,符合什么要求等,这个方向或要求可以是哲学、政治理论,也可以是政府的教育发展规划,也可以是有关研究问题的指导性意见等. 对于范围比较大,时间又很长的课题来讲,有了一个比较明确的指导思想,就可以避免出现理论研究中的一些方向性错误.

5. 课题研究的目标

课题研究的目标也就是课题最后要解决哪些具体问题,要达到什么预期目标,即本课题研究的目标定位. 确定目标时要紧扣课题,用词要准确、精练、明了. 相对于目的和指导思想而言,研究目标是比较具体的,不能笼统地讲,必须清楚地写出来. 只有目标明确而具体,才能知道工作的具体方向是什么,才知道研究的重点是什么,思路就不会被各种因素所干扰.

常见的问题是:不写研究目标;目标扣题不紧;目标用词不准确;目标定得过高,达不到预期成果或无法进行研究.

确定课题研究目标时,一方面要考虑课题本身的要求,另一方面要考虑课题组实际的工作条件与工作水平.

6. 课题研究的基本内容

有了课题的研究目标,就要根据目标来确定这个课题具体要研究的内容,相对研究目标来说,研究内容要更具体、明确. 并且一个目标可能要通过几方面的研究内容来实现,不一定是一一对应的关系.

基本内容一般包括:(1)对课题名称的界定. 应尽可能明确三点:研究的对象、研究的问题、研究的方法. (2)本课题研究有关的理论、名词、术语、概念的界定. 如"研究性学习与中学生创造性人格培养的研究",应先界定什么是研究性学习、什么是人格、什么是性格、性格形成的有关理论、性格与人格的区别和联系、什么是创造性人格、研究性学习与中学生创造性人格的培养有何关系等. 研究内容的确定,一是根据研究目标来确定;二是从现状研究、归因研究、应用(方法)研究或对策研究几方面来确定.现状研究是基础,归因研究是为了寻找解决问题的突破口,应用(方法)研究或对策研究是研究的重点.

7. 课题研究的方法

(1) 课题研究是否要设定子课题.根据课题的大小、级别确定是否设子课题.如果要设子课题,那么,各子课题既要有一定的相对独立性,又要形成课题系统.一般地,作为省市级课题,最好设定子课题,形成全校的课题研究系统.

(2) 具体的研究方法可从下列方法中选定:观察法、调查法、实验法、经验总结法、个案法、比较研究法、文献资料法等.如,要研究学生实践能力的现状必定离不开调查法;要研究如何优化学生个性宜采用实验法;要研究如何对青年教师进行培养可采用经验总结法;要研究问题家庭学生的教育对策可采用个案法等等.

(3) 确定研究方法时要叙述清楚"做些什么"和"怎样做".如要用调查法,则要讲清调查的目的、任务、对象、范围、方法、问卷的设计或来源等.最好能把调查方案附上.

(4) 提倡使用综合的研究方法.一个大的课题往往需要多种方法,小的课题可能主要是一种方法,但也要利用其他方法.

8. 课题研究的步骤

课题研究的步骤,也就是课题研究在时间和顺序上的安排.研究的步骤要充分考虑研究内容的相互关系和难易程度,一般情况下,都是从基础问题开始,分阶段进行,每个阶段从什么时间开始,到什么时间结束都要有规定.课题研究的主要步骤和时间安排包括:整个研究拟分为哪几个阶段;各阶段的起止时间;各阶段要完成的研究目标、任务;各阶段的主要研究步骤;研究工作的日程安排等.

另外,对课题参加人员的组成和专长、经费估算等也应有所描述.

二、课题结题报告的撰写

结题报告是一种专门用于科研课题结题验收的实用性报告类文体.它是研

究者在课题研究结束后对科研课题研究过程和研究成果进行客观、全面、实事求是的描述,是课题研究所有材料中最主要的材料,也是科研课题结题验收的主要依据.尽管研究方法各有不同,具体的撰写因而也各有所异,但是,从其基本的格式来说,它们还是有一定的共性要求.

(一)课题结题报告的结构及写作方法

结题报告的写作形式是不尽相同的,但可以归结为前言、正文、结论这种三段式的基本格局.一篇完整的结题报告,除了上述几个组成部分外,还应有署名和参考资料两个部分.署名的目的是表示对报告负责并表明对报告的所有权.附录和参考资料是必须向读者交代的一些重要材料,其中参考文献是指在课题报告中参考和引用别人的材料和论述应注明出处,包括作者、文献标题、书名或刊名、卷期、页码、出版机构及出版时间.

一篇规范、合格的结题报告,需要回答好三个问题:一是为什么要选择这项课题进行研究,即这项课题是在怎样的背景下提出来的,研究这项课题有什么理论意义和现实意义;二是这项课题是怎样进行研究的,即要着重讲清研究的理论依据、目标、内容、方法、步骤、主要过程;三是课题研究取得哪些研究成果.

其基本结构大致包括以下十个部分:

1. 课题提出的背景.

2. 课题研究的意义(包括理论意义和现实意义,这个部分也可以合并归入"课题提出的背景"部分).

这两个部分着重回答上面提出的第一个问题:为什么要选择这项课题进行研究?

3. 课题研究的理论依据.

4. 课题研究的目标.

5. 课题研究的主要内容.

6. 课题研究的方法.

7. 课题研究的步骤.

8. 课题研究的主要过程.

从第三部分到第八部分,回答的是上面提出的第二个问题:这项课题是怎样进行研究的?

结题报告的这八个部分,除了第八部分外,从第一到第七部分在开题报告中都有要求,内容基本相同. 撰写结题报告时,只须照抄或作适当修改就可以了. 而第八部分,则需要通过对课题研究过程进行回顾、梳理、归纳、提炼. 有时候,第七、八两个部分也可以合并写.

9. 课题研究成果.

这个部分是回答上面提出的第三个问题:课题研究取得哪些研究成果?

10. 课题研究存在的主要问题及今后的设想.

(二)撰写结题报告的基本要求

1. 引言

引言是结题报告的开场白. 引言部分必须说明进行这项课题研究工作的理由和重要性;前人在这一方面的研究进展情况,存在什么问题;本研究的目的,采用什么方法,计划解决什么问题,在学术上有什么意义等. 要求简明扼要,直截了当. 应该指出的是,有的人在文章中对前人的工作随意否定,或轻易断言此问题前人没有研究过,属于历史空白,这是不妥当的. 必须注意防止面面俱到,不着重点,眉毛胡子一把抓;或太过直白,言无意味,不留余地等毛病.

2. 正文

正文是结题报告的主体,占报告的绝大部分篇幅,是结题报告的关键部分,体现着报告的质量和水平. 所以,必须重视正文部分的撰写. 要写好正文部分,必须掌握充分的材料,它是对材料进行分析、综合、整理,经过概念、判断、推理的逻辑过程,最后得出正确的观点. 并以观点为轴线,贯穿全文,用材料说明观点. 做到材料与观点的统一,这是基本的要求. 为了科学、准确、生动形象地表达研究成果,提高说服力和可信性,还应采用图、表、照片来集中反映数据和关键的情节. 当然,选用的图、表、照片也要注意少而精,准确无误.

3. 结论

结论部分是研究者经过反复研究后形成的总体论点,它是整篇报告的归宿. 结论必须指出哪些问题已经解决了,还有什么问题尚待研究. 有的报告可以不写结论,但应作一简单的总结或对结果开展一番讨论;有的报告可以提出若干建议;有的报告不专门写一段结论性的文字,而是把论点分散到整篇文章的各个部分.不论是哪种类型的科学研究报告,都必须总结全文,深化主题,揭示规律,而不是正文部分内容的简单重复,更不是谈几点体会,喊几个口号.写结论必须十分谨慎,措词严谨,逻辑严密,文字简明具体,不能模棱两可、含糊其辞.

(三) 撰写结题报告应注意的几个问题

1. 重点应放在介绍研究方法和研究结果方面.结题报告的价值是以方法的科学性和结论的可靠性为条件的,而这两者又有内在的联系,因为只有研究方法是科学的,才能保证研究结果是可靠的.人们阅读或审查结题报告,主要关心的是如何开展研究,在研究中发现了什么问题,这些问题解决了没有,是如何解决的.研究结果在现阶段达到什么程度,还有什么问题需要继续解决等.因此,写作结题报告,主要精力应花在方法和结果部分,把研究方法交代清楚,使人感到该项研究在方法上无懈可击,从而不得不承认结果的可靠性.

2. 理论观点的阐述要与材料相结合.在结题报告中怎样使自己的观点得到有力的论证,是应该关心的重要问题.论点的证实除了必须依靠逻辑的力量外,还需要依靠科学事实的支撑,做到论点与事实相符合.结题报告一定要有具体材料,尊重事实,从事实中列出观点.首先在论述过程中要处理好论点与事实的关系,要求研究者首先选好事实.除了要注意事实的典型性、科学性以外,还要善于用正反两方面的事实来说明问题,揭示普遍规律.其次是恰当地配置事实,用事实论证,主要是用来帮助人们理解不熟悉的论点.

3. 分析讨论要实事求是,不夸大,不缩小.在下结论时要注意前提和条件,不要绝对化,也不要以偏概全,把局部经验说成是普遍规律.

案例 4.4.1

"初中数学教学中学生问题意识培养的研究与实践"结题报告(节选)[①]

摘　要　《国务院关于基础教育改革与发展的决定》指出:"充分利用各种

_____

① 本案例由华东师范大学附属杨行中学数学组提供.

课程资源,培养学生收集、处理和利用信息的能力;开展研究性学习,培养学生提出问题、研究问题、解决问题的能力;鼓励合作学习,促进学生之间相互交流、共同发展,促进师生教学相长."问题是数学的心脏",没有问题就没有数学.产生学习的根本原因是问题,没有问题就难以诱发和激起求知欲.感觉不到问题的存在,学生也就不会深入思考,学习也就只能是表层和形式的.所以,在教学中要特别重视问题意识的形成和培养.数学发展史表明,"提出问题——解决问题——提出新问题——解决新问题……"是数学发展过程的基本模式.

针对教学中教师的"去问题教学"现象和学生数学问题意识薄弱的现状,课题组通过对教师、学生进行调查研究,组织教师学习与怎样培养学生的问题意识相关的文献,从教师和学生两个角度对教师怎样创设数学问题情境和怎样培养学生数学问题意识进行了深入研究.对怎样创设数学问题情境、怎样使学生"敢问、乐问、善问"、怎样提高学生提问的有效性、怎样及时解决学生的问题等形成了一系列措施与方法,并在此研究的基础上形成了数学"问题驱动 4+W"教学模式.

实践证明,通过这一课题的研究和数学"问题驱动 4+W"教学模式的使用,探索出了一条如何把新课程理念应用于教学实践的途径和方法,在课堂教学中积极培养了学生的探究学习意识和合作学习意识,提高了教育教学质量,培养了学生的创新精神.

关键词 数学问题情境 问题意识 提出问题 教学评价

一、研究课题的提出

(一)课题的提出和研究现状

数学课程标准在目标体系中提出:"学会从数学的角度提出问题、理解问题,并能综合运用所学的知识和技能解决问题,发展应用意识."苏霍姆林斯基说:"在人的心灵深处,都有一种根深蒂固的需要,这就是希望自己是一个发现者、研究者、探索者,而在少年儿童的精神世界中这种需要特别强烈."当一个孩子问越多的问题时就越是显示出他有更大的潜能去发现,因为他想得更深,现有的答案不能满足他的好奇心.爱因斯坦也强调:"发现问题和系统阐述问题可能要比得到解答更为重要.而提出新问题、新的可能性,从新的角度去考虑问题,则要求创造性的想象,而且标志着科学的真正进步."《国务院关于基础教育改革与发展的决定》指出："继续重视基础知识、基本技能的教学并关注情感、态度的培养;充分利用各种课程资源,培养学生收集、处理和利用信息的能力;开展研究性学习,培养学生提出问题、研究问题、解决问题的能力;鼓励合作学习,促进学生之间相互交流、共同发展,促进师生教学相长."美国著名数学教育家 G·波利亚明确指出:"学习任何东西,最好的途径是自己去发现",为了有效地学习,学生应当在教师引导下,尽量多地自己去发现学习的知识、方法及学科思想等具体内容.具有一定认知结构,是智力技能形成的重要基础,要重视学生认真思考的习惯和独立思考的能力的培养,在学习过程中不断提出有关学习方法和解答各类课题的程序等方面的问题."问题是数学的心脏","问题解决"的教学已经成为数学教学的一种主要模式,而"问题解决"教学的重要前提是更好地提出问题和提出更好的问题,通过"问题解决"的教学,提高学生提出问题、分析问题和解决问题的能力,激发其求知欲与学习兴趣.

......

(二) 研究这一课题是立足校本现实和学生发展需要

(三) 学校大力支持并为课题实施提供保障

二、初中学生数学问题意识概念的界定

"问题意识"是指:人们在认知过程中意识到一些难以解决的、疑虑的实际问题或理论问题时产生的一种怀疑、困惑、焦虑、探究的心理状态.这种状态驱使人们积极思维,不断提出问题,而强烈的问题意识又可作为思维动力而促使人们去发现问题和解决问题.初中学生数学问题意识则是指:初中阶段的学生在学习数学时,结合具体的教学情境,自觉主动地发现问题、提出问题,并解决问题的意识.

三、课题的理论依据

(一) 教育心理学方面

夸美纽斯、卢梭等近代教学巨匠们主张:课堂教学不是教师向学生灌输现成知识的场所……课堂教学必须是学生自主思考,自身去发现并接纳事物的道理与本质的愉快场所;必须是养成思考能力与探究能力的场所.美国教育家布鲁巴克认为:"最精湛的教学艺术,遵循的最高准则就是让学生提问题."美国教育家肯尼思说:"整个教学的最终目标是培养学生正确提出问题和回答问题的能力,任何时候都应该鼓励学生提问."

以杜威、布鲁纳为代表的教育思想家认为科学教育的任务不单是传授知识,而且应着重培养学生发现问题、解决问题的问题意识,提倡让学生自己思考课题.

（二）建构主义理论（略）

（三）数学教育学（略）

（四）数学教育心理学（略）

四、课题研究的目标

本研究以认知理论为基础,在评析典型课例的基础上,阐述学生问题意识的培养方法与途径,探讨初中数学教学中创设问题情境、培养学生问题意识的教学策略,并开展实验研究,分析学生问题意识对学生数学学习兴趣、态度以及学习成绩的影响,检验培养学生数学问题意识的教学策略的有效性,努力形成有特色的初中数学课堂教学模式,为中学数学教学提供有益的建议和帮助.

五、研究方法

（一）调查法

（二）文献法

（三）行动研究法

（四）经验总结法

六、研究过程和措施

（一）开题前进一步查阅了最新文献综述,检索与本课题密切相关的国内外研究现状.

（二）课题立项后对学生的数学学习状况进行了广泛深入的调查研究,使教师对培养学生数学问题意识的必要性有了深入认识.

（三）成立课题研究小组,明确了成员职责与分工.

（四）制定了全面细致的"数学课堂观察与诊断量表"（见附件3）,进行了深入广泛的课堂观察与诊断活动.

（五）深入开展教学策略研究.

（六）数学"问题驱动4＋W"教学模式的提炼.

通过课题研究,教师教学理念的转变引导了教学模式的改变,在教学中逐步形成了创设问题情境,引导学生提出问题、解决问题,然后再加以应用的教学模式.课题组将之提炼为数学"问题驱动 4＋W"教学模式,这一模式突出了学生数学问题的提出,同时关注数学问题的解决与数学知识的应用,培养了学生的创新意识和探究精神.这一教学模式具有鲜明的现实性、时代性和探索性,对提高中学生的数学素养和分析、观察、探索、创新能力有较好的效果,有力促进了基础教育数学课程改革的发展,对提高教师的数学教学水平产生了良好的影响.

1. 数学"问题驱动 4＋W"教学基本模式阐释

数学"问题驱动 4＋W"教学是指学生在教师的引导下,从熟悉的感兴趣的数学情境出发,通过积极思考、主动探究,提出、分析和解决数学问题,从而获取数学知识、思想方法和技能技巧,并应用数学知识解决实际问题的教学过程.其中,4 是指教学过程中问题驱动的四个环节,W 是指完成四个环节后,可能产生新的问题.

数学"问题驱动 4＋W"教学基本模式如图所示.

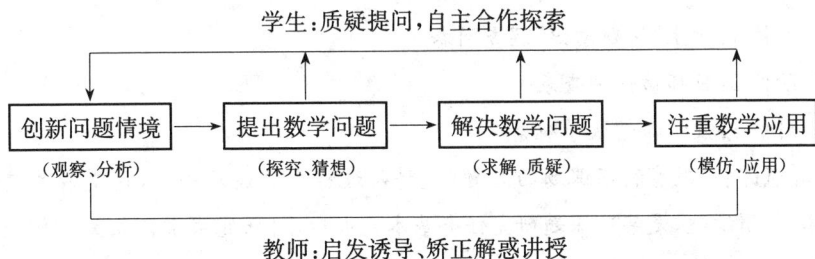

学生:质疑提问,自主合作探索

创新问题情境 (观察、分析) → 提出数学问题 (探究、猜想) → 解决数学问题 (求解、质疑) → 注重数学应用 (模仿、应用)

教师:启发诱导、矫正解惑讲授

······

数学"问题驱动 4＋W"教学中的四个环节相互联系.创设数学情境是提出数学问题的基础,同时所提出的问题又可以作为一个新的数学情境呈现给学生.提出数学问题与解决数学问题形影相伴,携手共进.提出问题是解决问题的必要且有效的途径,而解决问题的过程本身又是一种生成性资源,从中也可以发现和提出新的数学问题.解决数学问题是进行数学应用的基础.在数学知识的应用过程中又可以提出新的数学问题,而一个好的数学应用问题本身就构成一个好的数学情境.

七、研究成果

本课题经过三年时间的研究,预期的研究目标基本实现,取得了明显的成效.课题组成员潜心研究学生的数学问题意识,精心创设数学问题情境,注重培养学生发现问题、提出问题、解决问题的能力,培养了学生的创新精神,充分发挥了教师的主导作用,强化了学生的主体意识,优化了教学过程,提升了教学效果,促进了教师、学生、学校的全面发展,具体表现在以下几个方面.

(略)

八、研究结论

(一)数学"问题驱动 4+W"教学模式提高了数学课堂教学效益

(二)初中学生数学问题意识的强化提高了学生的数学素养

(三)数学问题意识研究是教学策略研究的有效途径

(四)数学"问题驱动 4+W"教学模式可以推动学科建设

九、存在的问题与后续研究设想

(略)

十、主要参考文献

(略)

附件1:学生"问题意识"调查问卷

附件2:教师访谈调查表

附件3:数学课堂教学观察量表

[点评] 教育科研课题的结题,是科研过程中的最后一环,也是最关键的一环.所谓结题,是某一课题研究任务基本完成后,对研究成果与相关工作进行总结,形成课题研究报告和结题报告,向课题的主管部门、单位提交研究成果与成果形成的说明,取得课题管理者的认可,为成果的推广应用作好准备,从而将这项课题研究告一段落,划上一个句号.

本课题组经过三年时间的研究,初步完成了数学"问题驱动 4+W"教学模式的相关工作,报告撰写规范,清晰地展现了研究的过程.材料真实、可靠、全面,具有说服力.研究成果获得了区课题评比一等奖,部分成果以论文的形式发表,在一定范围内得到了认可.

思考题

1. 如何推广获奖的教育科研成果?

2. 如何在中学数学教育中选择有创新的课题进行研究?

3. 分析在教师专业发展过程中,教育科研的促进作用.

4. 浅析选择和确立课题的依据.

第五章

课程改革背景下的中学数学教育科研

　　基础教育课程改革让教师成为研究者,既是新课改的重要理念,又是课程改革的实践诉求.但是,在学校教育科研实践中存在着对学校教育科研的价值认识偏颇、教育科研脱离教育实践、研究视角和研究方法单一、课题研究不规范等现实问题,导致学校教育科研的价值异化,方向偏离课改内容,这需要学校通过正确价值的引领、根植于学校的真实生活、恰当的研究方法,在教育科研价值、性质、方法与过程等方面予以导正.

第一节　教育科研与学校的可持续发展

　　教育科学研究是学校可持续发展的动力,也是提高教师素质和教育教学质量的重要途径.教育科研是学校发展的理论支撑,教育改革要以教育科研为依托,充分发挥教育科研在学校改革发展中的理性导向作用.通过科研,促进学生的发展,促进新课程背景下教师的专业发展,促进学校的可持续发展.

一、教育科研是学校可持续发展的先导

　　振兴教育,必须依靠教育科研,必须树立以教育科研为先导的思想.目前,"科研兴教"、"科研兴校"已被实践证明是教育实现可持续发展的必由之路,也是在新形势下全面实施素质教育,深入探索学校教育教学规律的必然选择.教育管理和教育科研是促进教育发展的两大要素,也是推动学校不断进步的两个轮子,缺一不可.没有科学、规范的管理,便没有良好的规范、秩序,学校就不会

稳定,也谈不上质量的保证;而没有教育科研,学校的发展便缺少生长点,没有活力,不可能持续发展.

教育科研具有三大功能.其一,促进学校改革.针对教育、教学及管理中的问题,根据教育规律,寻求解决的办法,以促进学校深化改革.其二,提高教育教学质量.通过传播与学习现代教育理论,采用现代教育技术和方法,借鉴先进的教改经验,深化教育教学改革,提高教育教学质量.其三,发展教育理论.学校生动、鲜活的改革经验,经过理性升华,可以丰富和发展教育理论.许多现代教育理论就是从学校的改革实践中,或通过学校的教育实验总结提炼而成的.

教育科研促进教育发展的先导功能,具体可从以下三方面说明.

1. 教育科研可促使教育决策科学化

教育决策的科研有三大类型:现状研究、发展研究、比较研究.

现状研究,即正确和科学地分析、认识区域教育或学校的现状,把握阻碍学校发展的关键问题和自身优势,确定学校发展的生长点,明确学校发展的目标.这是学校改革和发展的起点.

发展研究,是对区域或学校发展战略、规划的研究.按照学校的定位,依据学校发展阶段理论(后面将有详述),制定学校发展的近期、长远发展规划,使学校沿着"合格学校——特色学校——核心学校"的轨道,实现可持续发展.

比较研究,是针对学校发展的横向、纵向联系,提供国内外教育改革和发展的信息,使教育决策者建立大教育观,开拓视野、把握全局、比较优势、博采众长,使教育决策建立在分析比较、科学选择、合理定位、优化组合的基础之上.

上述现状研究、发展研究、比较研究是教育决策研究的三大支柱,因此,教育科研是使教育决策科学化的保证.对教育决策的咨询论证理应是教育科研的一大功能.

2. 教育科研为学校发展提供目标导向

在学校发展的进程中,校长处于决策地位、核心地位和主导地位,校长的角色定位,决定着学校的发展定位.校长是学校的管理者,是学校的教学领导.校长应是教育思想家,应有自己的办学思路和教育理想.按这一认识,校长在办学、管理、教学三个学校发展的关键方面的表现大致分为三个递进的层次.

办学层面:一是有改革想法,愿意改革;二是有改革的系统目标,开始行动;

三是有改革理念,通过总结经验教训,进行理性分析,形成有理论基础、科学有序的办学思想乃至教育思想.

管理层面:一是具体地管人管事,是个踏踏实实的事务主义者;二是建制用人,对学校实行科学、民主管理;三是把学校作为独立的办学实体,自主办学,并以战略的眼光,着眼于学校的可持续发展.

教学层面:一是某一学科的专家,因为大多数校长到任前都是某一学科的优秀教师;二是学校的教学领导,熟悉各学科教学,对学校教学能进行全局性指导;三是教学理论专家,通晓各教学流派的教学理论、教学模式、教学策略,能对各学科教师的教学改革进行理论指导.

学校发展首先取决于校长的水平,一个好校长能带出一所好学校,这不仅是经验之谈,更有理论依据. 校长的改革理念、发展战略、现代教育思想和理论来源于教育科研,它是学校发展的生长点. 校长只有投身于教育科研的行动,从中获得理论、思路,才能产生推动学校发展的理念、目标与改革的想法,促进学校的可持续发展.

3. 教育科研是提高教师素质的载体

教育科研,特别是应用研究,应吸收更多的教师积极主动参与,教师理应成为教育科研的主体. 通过教育科研,可以学习理论,更新观念;可以改进教学,提高质量;可以提炼经验,形成个人的教学风格与特长.

二、教育科研是学校可持续发展的动力

教育科研是对教育实践的科学研究和开发,是对教育规律的探索和把握,其目的是指导和推动教育实践,促进教育改革和发展. 它有一种凝聚力、开发力、引导力和提升力,是学校可持续发展的动力.

教育科研的凝聚力. 学校的教育科研课题基本上是学校改革和发展的重要问题,包括学校发展的目标和规划、管理的机制和手段、改革中的热点和难点. 这些问题都影响着教师的实践. 所以,教育科研并不是少数人的专利,而必须走进课堂,走进教师的心灵. 它好比一块磁石,能把领导和教师凝聚起来,把各学科各部门凝聚起来,把学校和家庭、社会凝聚起来.

教育科研的开发力.教育科研是对已有实践的反思和提炼,又是对未来发展的预测和把握;是对教育现象的分析和提升,又是对教育本质的探究和概括.它需要知识、能力、智慧和良好的科研素质.每个教师都有潜在的创造力和智慧,教育科研的过程就是开发教师潜能的过程.通过科研,教师对现象分析会更深刻,对规律把握会更自觉,实践会更理性.

教育科研的引导力.不少校长和教师埋头实践,兢兢业业,实践使人感到充实,但一味的实践又会使人陷于盲干的困境.而教育科研会让人获得探究的精神和理论支撑的力量,忠于实践,又超越实践,在实践中剖析、辨别、明确方向,引导学校和教师以理论为友、以大师为师,自觉有效地去追求教育的理想.

教育科研的提升力.即能提升人们的理念,使学校确立先进的办学观、教育观、教师观、学生观;能提升教师的经验并使其从经验走向规律,从个别走向一般;能提升教育的水平,使人们从现象走向本质,从一般走向概括,使教学实践既充满激情又充满理性.

三、教育科研是学校可持续发展的保障

学校应是发生和发展教育科研的地方.依靠教育科研的支撑才有可能成为成功的学校和名校;教育科研植根于学校才有可能是有效的科研;本土化、校本化的教育科研才会得到学校、教师、社会的支持.

1. 教育科学的实验室——学校的最高追求.学校应有目的、有计划地进行实验或研究,其课题应为全校教师认可和理解,其人员应是全体教师,其研究触角应伸展到学校各个方面.校长和教师都是学习者、研究者;教育理论应在实践中应用和验证,发展和完善;新的教育观点和教育主张应从学校产生.这一要求并非高不可攀,问题在于有没有这样的认识、理解和追求,因为实验和研究是从学校实际出发,是多层次的.学校应先从小课题做起,由低至高,步步攀登.

2. 主课题——学校实验研究的主攻方向.主课题是学校办学传统、办学基础的反映,更是学校办学理念及发展走向的体现.它要从实际出发,不能脱离办学条件、原有基础和研究能力,但又要适度超前,否则不能引领和超越.主课题

要体现先进教育观念,与国家教育改革合拍,但又要有具体内容,有较强的可操作性,并能引导教师在实践中转变观念.

3. 培养创新精神和实践能力——学校实验研究的重点. 这也是素质教育的重点. 当前要注重以下问题的研究:

——创新教育在中学的定位研究.(1)创造性是分层次的,中小学生主要是前创造性,是为创造力的进一步发展作准备,打基础.(2)创造力是人的综合素质的集中体现. 创新教育是促使学生全面发展的教育.(3)中学数学教育的重点是培养学生的创新意识. 创新意识说到底是问题意识,要保护学生的好奇心和质疑精神;培养学生的创新精神、探究精神、持之以恒的精神、实事求是的科学精神;培养学生创造性思维的品质和能力,提高收敛性思维、发散思维、求同思维、求异思维的能力;培养学生的综合能力和运用多种方法研究问题和解决问题的能力.

——创新教育阻抗因素的研究. 从观念、制度、文化、环境、方式方法等方面破除影响学生创新精神和实践能力发展的障碍. 要重点改革考试和评价制度,建立和健全有利于学生个性发展,有利于学生冒尖的机制,包括升级、跳级、免试等制度. 要摒弃旧的文化传统影响,吸纳多元文化,确立新的思想观念. 要营造有利于学生创造性发展的宽松、民主、合作的氛围. 要建立以指导和帮助学生构建适合自己特点的自主学习、合作学习、探究学习等学习方式.

——课程建设和改革的研究. 确立新的课程理念,把握课程改革的总体走向和主要特点,以学生发展为本,增强课程的综合性、实践性、情境性,加强课程与生活及社会实践的联系. 开发和利用课程资源,建设校本课程,研究课程新的实施价值观,提高实施水平. 加强教育技术和信息化建设,建设有利于师生共同发展的平台,促使基础教育的可持续发展.

第二节　课程改革为教师提供从事科研的机遇

课程改革是世界学校教育发展的大趋势,我国基础教育课程改革步伐的加快,保证了中华民族在全球化进程中的持续发展. 在课程改革过程中必然会暴露诸多新问题,有待教师去研究解决. 课程改革为教师提供了从事科研的机遇,为教师发展提供了实践的舞台.

一、课程改革为教师专业发展提供新契机

在基础教育课程改革的实践中,有个问题成为人们担心改革、怀疑改革,甚至反对改革的基本判断依据,这就是课程改革虽好,但对教师的要求高,唯有高素质的教师队伍才能实施,而目前我国教师整体素质不高,所以课程改革超前了,不可能有效实施.

这一担心是有道理的.在新一轮基础教育课程改革中,教师正在遭遇一个新的课程环境、新的课程研究范式.在这个传统教育方式与现代教育方式激烈对峙的转型时期,交织着教师的奋进、困惑、彷徨等各种心态.

课程改革的基础是教师,没有高素质的教师队伍,改革不能成功,所以,从国家到地方到学校,都需要造就一支适应课程改革需求的教师队伍,但这支队伍不可能在改革之前就预先准备好,只能在改革之中造就.

课程改革的重要任务之一就是边改革边造就适应并促进改革的教师.

1. 主体还是客体:课程改革与教师专业发展的不同思路

近几十年来,有关教师与课程之间关系的研究,大多侧重于两种思路.一种思路是把教师当作客体来考察,要求教师与课程相匹配、适应.认为教师是课程的实施者,是依照课程蓝图进行施工的工具,必须忠实于既定的课程.这是一种"教师外在于课程"的思路.

从新中国成立到20世纪末,我国经历过7次大的课程改革,每次改革虽各有差异,但在对课程与教师关系的认识上大体一致.教师以一个课程改革的"边缘人"、"旁观者"存在,课程改革是自上而下的,教师所做的,不过是执行他人的计划,从事他人提出的活动.课程设计与执行的分离,使教师失去了真正参与课程改革的热情与机会.这必然导致上述担心:改革虽然重要,但教师素质不高使得改革过于超前,应该先提高教师素养再进行课程改革.

这一误区的主要根源之一是对教学知识来源的认识偏差.当教学知识被当成客观、绝对的技术性知识时,它就变成了养料,教师吃了它们,便身强体壮,可以对学生发号施令了.这种把教师当作技术熟练者、孤独学习者的课程改革,只

能寄希望于改革前大规模的教师集中学习或教师整体队伍的高素养. 实际上, 教师的教学知识有不同来源. 总体上, 教师的职前培训在发展自身的教学知识中不是最重要的来源, 而教师"自身的教学经验和反思"及"和同事的日常交流"是两个最为重要的教学知识的来源, 教师"作为学生时的经验"则是最不重要的来源①.

另一种思路是把教师当作课程改革的主体, 课程不再被视为一种独立于教师之外的、预设的知识体系. 这是一种"教师介入"课程改革的思路. 关于教师在课程中的作用和角色, 是 20 世纪 70 年代后逐渐凸显出来的一个话题. 对"结构主义课程改革"未能取得预期成果的痛苦反思, 使人们认识到新课程并非因为不科学才遭到失败, 而是因为在课程实践中没有被真正推行下去; 并非因为新课程不符合教育规律, 而是因为忽视教师在课程中的创造性. 今天, 有关课程改革中教师的作用与发展的研究已经根深叶茂, 教师开始从课程改革中的"边缘"走向"中心", 教师正以一种课程改革的参与者、课程的研制者, 而不只是实施者的新形象站在历史的舞台上.

"教师是课程改革的主体"表达了教师要在课程活动中寻求自我解放的呼声. 教师作为一个拥有自己的需要、思想和理想的独立体, 不只是课程的"守望者", 他要在课程活动中自由地表达自身.

一方面通过赋予教师以课程主体的权利, 使教师得以合法地参与课程的开发、决策、实践、评价等活动; 另一方面又通过重构课程、开发课程, 为教师的专业发展提供广阔的空间. 实际上这表现了这样一种认识: 在课程改革中, 教师与课程互动, 教师在课程改革与反思中成长. 教师的反思使课程总是处于"形成"的路途中, 与之相伴的是教师的实践性知识的丰富和发展, 课程在教师的教学与反思活动中显现和生长, 教师也在参与课程改革的历程中、在教学与反思的进程中走向成熟.

2. 课程改革为教师专业发展提供实践舞台

新一轮基础教育课程改革对教师来说是一场名副其实的"时代迁徙", 是一

---

① 联合国教科文组织国际教育发展委员会. 学会生存—教育世界的今天和明天[M]. 北京: 教育科学出版社, 1996: 108.

场千百万教师从传统走向现代的大迁移,突破传统的课程概念框架,以其高远的理念超越了原有的课程母体,动摇了教师的旧观念. 教师既然作为课程的主体,就要积极回答课程改革带来的挑战,在改革中寻找教师发展的契机,进而在改革的大潮中获得新生.

（1）课程改革促使教师角色的转变

课程改革已成为现代教育的主旋律,教师也正是在跌宕起伏的改革中或接受新教育观念的震撼,或提升教育教学的技能,或激活专业发展的愿望. 每一次改革或多或少都让教师接受一次"洗礼". 教师在课程改革中的最大变化是角色变化. 传统意义的教师可以用"传道、授业、解惑"来形容,即强调教师的权威地位和知识的传授.

在新课程中,教师必须放弃对学生学习内容的绝对权威和垄断,从知识权威转向平等参与学生的研究,从知识传递者转为学生学习的促进者、组织者和引导者. 联合国教科文组织在其出版的《学会生存》一书中对此有很好的描述:现在教师的职责已经越来越少地传递知识,而越来越多地激励思考;教师必须集中更多的时间和精力从事那些有效果的和有创造性的活动,互相了解、影响、鼓舞.

在新课程中,教师要力求成为研究型教师. 这实际上是对教师本真生活的重新发掘,是对教师的重新发现,指明了教师的发展道路. 斯滕豪斯在反思课程改革的过程中提出:教师是课程的负责人,从实验主义者的立场看,课堂是检验教育理论的理想的实验室;对那些偏爱自然观察的研究者而言,教师是课堂和学校的潜在的实际观察者……教师拥有大量的研究机会. 应该承认,每一个课堂都是一个实验室,每一位教师都是教育科学研究的成员[1]. 教师作为研究者本身就是一种道德化的教师形象. 它的必要性根植于教师自身的专业生活场景,它的价值取向乃是由教师自身教学活动的内在需要决定的,而不是某种外部力量强加的.

新一轮基础教育课程改革汲取了历次课程改革的教训,为教师提供了一个开放的课程结构,留给师生比较充分的创造空间. 过去是教教材,现在是用教材

---

[1] 刘良华. 校本行动研究[M]. 成都:四川教育出版社,2002:21.

教,甚至在有的学习领域已经没有统一、固定的学习内容,如综合实践活动.课程的"留白"迫使教师必须转变原来"非本真"的生存状态,确立教研一体的工作方式,以适应课程改革的要求.

(2)课程改革推动教师知能结构的发展

当课程改革是一次教师的教育观、教育方法、教学行为的转变,是一次"教育角色"的急剧转型时,原有的教师专业知识结构显然需要接受新课程的挑战.管理专业的教师注意到:我们最需要教学生怎样在不确定的情境中决策,但这正是我们无法教的东西;汽车专业的教师抱怨:我们只知道如何造汽车,但我们无法告诉学生造怎样的车.那么,那些无法教的东西怎样才能被学会呢? 仅仅关注如何增加专业知识的教学无济于事,必须另辟蹊径,从自上而下的"理论——实践"路径走向"在实践中学","在实践中反思",成为"反思性实践者".优秀教师不是因为他们拥有更多的"专业知识",而在于他们更富有智慧、才能、直觉或艺术.教师发展所表现的这种实践性特征,是一种在实践中经历关键时期、关键事件而产生的,这一特征使得课程改革成为教师成长的土壤.教师专业知识结构可分为本体性知识、支持性知识、实践性知识等.实践性知识是指教师在实现有目的的行为中所具有的课堂情境知识以及与之相关的知识,与其他知识不同:它是行动性的,而非理论性的;它是经验性的,而非抽象的、普遍的原理和规律,虽不普遍但很灵活;它是个性化的,带有个体的价值、情感、审美特征,而不是纯客观的东西;它来源于实践,要求教师在实践中主动探求,而不是被动地接受;人们很难传递自己的实践经验.实践性知识的形成和获得与其他知识是截然不同的,其他知识多数可以由教授式传递而获得,而实践性知识必须在完成具体任务的过程中,依据具体的问题情境,经由实践与体验来获得,就是"在实践中学".

重视实践性知识,是承认教师在实践中的创造性,承认实践的不确定性.教师正是在这种不确定的、疑惑的、困顿的、多种可能的、多种选择的教学生活中亲自寻找和谋划,进而获得真实的教育体验,形成属于自己的"个人实践性知识".课程改革所强调的理念和追求,只有经过当事人自己亲自行动,亲自探究,亲自处理之后,才发生意义.从这个意义上说,实践性知识不仅关乎"知"的问题,而且牵涉"情"、"意",从中感受人生的价值.这是教师在课程改革中获取发展的最重要的甚至是唯一的途径.

3. 教师与课程改革共同成长

前述的担心实际上体现了这样一个普遍看法:教师的知识结构与课程改革的要求之间相差很大,先要把教师培训好,达到课程改革的要求,学校才能进行课程改革,否则将导致课程改革的失败.

事实上,他们忘了一个最起码的常识:课程改革对于教师来说就像是学习游泳,需要在水中游才能学会.要能在水中游泳,游泳前的知识、技巧固然重要,但游泳者的游泳能力最终只能在游泳中形成.同理,课程改革所需要的教师素养也只能通过课程改革的磨炼而形成.

一位优秀教师的成长一般分为三个阶段:第一阶段初入教学岗位,位在陪练员的角色,"把自己怎样学的告诉给学生";第二阶段发展到以"教"为重点,以教代学,充当演员的角色,"陶醉于才学、特长的自我展示".无论是第一或第二阶段,教师都通过不断补充和巩固专业功底,锤炼教育技能,成功地获取了某些方面的专业发展,这仍是传统意义上"以教师为中心"的教师.新一轮课程改革为教师在第三阶段成长过程中的转型提供了新契机.无论是刚刚从教的教师还是具有丰富教学经验的教师,他们的发展一定依赖于在课程实践中实现自我超越,使新观念内化为自己的实践智慧,成功地跃上新台阶.可以说课程改革也为教师设置了"最近发展区",让教师"跳一跳"收获成长的"果实".

由此可见,课程改革与教师专业发展之间存在着循环效应:一方面,改革为教师专业发展提供机会,并促进教师的专业发展;另一方面,教师的专业发展是课程改革的重要支撑,改革也因教师活跃的身影和创造的激情而充满活力.这种课程改革与教师在实践中"同期互动"的发展效应,是解决新课程缺少新型教师这一难题的基本途径.可以预计,新课程将产生一代新教师,一代新教师又将创造出新课程.课程改革使得教师可以创造出千百万种特色,每一种特色都可能开创课程生活的一个新维度.对于课程改革来讲,如果高素质的教师很重要,那么构建一种挖掘蕴含在教师中的巨大潜力、造就高素质教师队伍的机制就尤显重要,它能保证高素质的教师不断涌现.改革正是焕发教师激情、发掘教师潜力、造就高素质教师队伍的重要机制之一.我国的中学数学教师队伍正在课程改革中发生一次历史性变化,每一位教师都将在这场变革中发现自己的力量,找到自己的位置,发出自己的声音.这是我国课程建设可持续发展的最重要的基础.

案例5.2.1

老师一时疏忽　学生精彩发现[①]

在一堂习题课上我讲了这样一题:已知 x 轴正半轴上的定点 $A(a,0)$ $(a>0)$,线段 $BC=1$,且 B 在 x 轴的负半轴、C 在 y 轴的正半轴上滑动,则 $\triangle ABC$ 的周长 L 的最大值是_____.

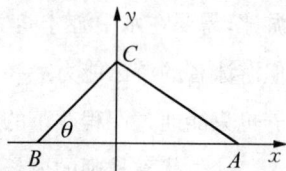

解　设 $\angle ABC=\theta\left(0<\theta<\dfrac{\pi}{2}\right)$,则 $L=1+a+\cos\theta+\sqrt{a^2+\sin^2\theta}\leqslant 1+a+\sqrt{2(\cos^2\theta+a^2+\sin^2\theta)}=1+a+\sqrt{2+2a^2}$.

因为是填空题,所以,得出答案后准备继续下面的教学内容.此时学生甲问:L 取最大值时,θ 为何值? 我不耐繁地让学生自己计算一下,很快有学生得出答案 $\cos 2\theta=a^2$,显然本题的条件有缺陷.若 $0<a<1$,则当 $\theta=\dfrac{1}{2}\arccos a^2$ 时,L 取最大值.那么,当 $a\geqslant 1$ 呢? 我和学生一起探讨解法.

令 $y=\cos\theta+\sqrt{a^2+\sin^2\theta}$,

则 $y^2=1+a^2+2\sqrt{\cos^2\theta(a^2+\sin^2\theta)}$

$$=1+a^2+2\sqrt{-\left(\sin^2\theta+\dfrac{a^2-1}{2}\right)^2+\left(\dfrac{a^2+1}{2}\right)^2}<(1+a)^2.$$

显然,L 没有最大值,但可以求出 L 的取值范围是 $(1+a+\sqrt{1+a^2},2+2a)$.

经过此番讨论,课堂气氛活跃起来,学生似乎来了灵感,又有学生问:$\triangle ABC$ 的面积 S 是否有最大值? 如何解答? 容易得到 $S=\dfrac{1}{2}\sin\theta(\cos\theta+a)$,但是,我感到求这个函数的最大值有一定的难度.沉默片刻,有学生提出先平

[①] 王凤春.数学通讯.2009,4.

方,再应用柯西不等式⋯⋯我本能地表扬他们不愧为理科班的学生,按照这个思路解答如下:

$$4S^2 = \sin^2\theta(\cos\theta + a)^2 \leqslant \sin^2\theta(\cos^2\theta + 1)(1 + a^2)$$

$$\leqslant \left(\frac{\sin^2\theta + \cos^2\theta + 1}{2}\right)^2(1 + a^2) = 1 + a^2, 即 S_{max} = \frac{1}{2}\sqrt{1 + a^2}.$$

正当同学们为这美妙的解法兴奋时,还是学生甲问:S 取最大值时,θ 为何值? 同学们马上得到 $\begin{cases} \sin^2\theta = \cos^2\theta + 1, \\ a\cos\theta = 1, \end{cases}$ 显然矛盾!

此时教室一片寂静,同学们陷入沉思当中⋯⋯突然,学生乙说:能否配置一个参数? 顺着乙的思路,师生共同探索,终于给出了如下解法:

$$4S^2 = \frac{1}{k^2}\sin^2\theta(k\cos\theta + ka)^2 \leqslant \frac{1}{k^2}\sin^2\theta(\cos^2\theta + k^2)(k^2 + a^2)$$

$$\leqslant \frac{1}{k^2}\left(\frac{\sin^2\theta + \cos^2\theta + k^2}{2}\right)^2(k^2 + a^2) = \frac{1}{k^2}\left(\frac{1 + k^2}{2}\right)^2(k^2 + a^2).$$

当且仅当 $\begin{cases} \sin^2\theta = \cos^2\theta + k^2, \\ k^2 = a\cos\theta \end{cases}$ 时,等号成立,解得 $k^2 = \frac{1}{4}(\sqrt{a^4 + 8a^2} - a^2)$, $\cos\theta = \frac{1}{4}(\sqrt{a^2 + 8} - a)$, 所以 $S_{max} = \dfrac{\sqrt{a^4 + 8a^2} - a^2 + 4}{16}$

$\sqrt{\dfrac{\sqrt{a^4 + 8a^2} + a^2 + 2}{2}}.$

完成解答,同学们对乙竖起了大拇指,一种成功感溢于言表,我也为弟子们的精彩表现而自豪.

[点评]　本案例诠释了作者对课堂上新型师生关系的理解. 教师以民主、平等、理解、尊重为基础,倾听学生的质疑,积极与学生合作,共同解决学生的困惑,课堂气氛融洽. 教师的合作是双向的、主动的、协调的、和谐的,教师不是领导者而是指导者和合作者,不仅仅是年龄上的长者,更是人格上平等的朋友. 新型的师生关系是良好创新环境的基础. 有了这一基础就会激发起学生创造的兴趣,提高学生的创新能力.

二、课程改革呼唤研究型教师

新一轮课程改革的目的在于创新,只有创新型的教师,才能培养出创新型的学生. 教师要在课程改革中有所创新,就必须从事课程改革的研究工作. 对于广大教师来说,从事教育研究的主要目的是为了解决实践中的问题,所以,教师从事研究要从身边的问题入手,新一轮课程改革为教师的研究提供了机会.

1. 只有研究型的教师才能胜任教育的改革和创新

对教师来说,教育对象、教育环境和教育内容的特殊性决定了教师的劳动不可能有固定的程序,教师的每次劳动都应该是一个创新的过程. 教师的创新是教师教育研究能力的一个反映,教育研究能力是一种源于教育实践而又有所超越和升华的能力.

许多教师往往将教育研究看作是软任务,认为自己教育教学工作忙,没有时间从事研究. 实际上,人们对教育规律的每一点认识,教育实践水平的每一次提高都往往先来自教育研究,所有最优化的教育教学过程总是和教育研究交织在一起的. 在教育研究过程中,教师要学习新的理论,学习先进的教育思想和观点,不断更新自己的知识,帮助自己科学地总结自己和其他优秀教师的经验,使之上升为理论,从而克服经验的局限性和片面性,使自己的教育教学水平得到提高.

2. 要成为研究型教师必须联系课改实际开展教育科研

教育科学研究是以拓展教育科学知识和解决教育中的问题为目的,对于广大教师来说,从事教育科学研究的一个最主要目的是解决教育实践中的问题. 新一轮的课程改革,带来了教育理念、内容、方式方法等方面的巨大变革,给教师的创新性工作提供了更广阔的空间和时间. 怎样开发校本课程,如何指导学生的探究性学习,在大班额情况下如何照顾学生之间的差异,怎样提高小组讨论的有效性,怎样教好综合课程,在新课改中教师角色有哪些变化等等,这些问题没有现成的答案,需要教师去探索、去研究.

新课改带来的大量的鲜活问题,给教师从事教育研究提供了很好的机遇. 一些教师或学校也很重视教育研究,但他们不重视在教育教学改革中发现问题、提出问题、研究问题、解决问题,而只是盲目去攀比大课题,追求课题的级别和档次,将研究和学校教育变成两张皮. 诚然,参加一些大课题的研究对一些学校也是需要的,特别是在一些合作的大课题中,有专家指导,有来自全国的仁人志士交流,也会受益匪浅. 但对于学校特别是对教师个人不能忽视联系自己实践的研究. 为了有效地发现问题,可以请其他教师帮助审视自己的教育过程,相互切磋并提出问题. 当然,教育实践中的问题有大有小,教师要根据自己的时间和精力恰当选择. 在选题上总的要求是宜小不宜大,宜实不宜虚,宜活不宜死. 就是说应尽量选择小课题,以小见大,做深做透,而不要大题小做,浮光掠影. 要选择实实在在的具体问题,不选择抽象空泛的问题. 要随着改革的发展灵活选题,也可以根据实际研究需要对原题作适当调整,而不要固步自封,一成不变.

3. 要成为研究型教师需要有科学的态度和方法

教师的教育研究往往需要以自己的教育经验作为基础,但仅仅凭自己的经验来研究,其论文往往是"经验式论文",这种建构往往又是局部的、片面的,这就要求教师在研究中将经验和理论、实践结合起来. 在课题研究中教师要建立必要的理论基础,并注意理论和实际相结合,注意在实践中检验自己的经验知识,转化和拓展经验知识,通过科学研究的方法和过程,将经验上升为具有一般规律性的可以推广的理论知识.

教师的教学对象是学生. 学生在不断发展变化,学生的进步又和多种因素有关,使得教育研究具有了多变量,因而教育研究是一种综合性的动态研究过程,需要采用多种方法,将各种方法优化组合,相互印证. 针对教师研究工作的特点和课改工作的需要,特别倡导教师进行"行动研究法",即教师"在行动中研究,在研究中行动". 教师作为一线教育工作者可以与研究人员共同组成课题组,共同进行调查、分析,通过在实践活动的进程中发现问题、设计实验方案、实施实验方案、作阶段性的评价,并在新发现中,再计划、再实施、再评价……不断进行. 这种实践工作完全是在实际的教育教学情境中进行的,对于计划中的研究目标和内容完全可以随时间的推移和研究的深入进行充实和调整. 这样,教师真正参与了教育研究,成为研究的主体,其工作也成为教育研究的一个重要环节,教师在行动中研究既指导了实践,又在以教育工作为目的的研究中发挥了作用,提高了自身素质. 随着课程改革的深入,教师在实际工作中遇到的问题会越来越多,各种困难也会涌现出来,只有教师和研究者以实际的教育教学情境作为研究平台,共同参与研究的全过程,将教育理论应用于实际,对已诊断的问题加以补救,才能既快速又有针对性地解决实际问题.

三、课程改革呼唤有思想的教师

学校不乏勤奋的教师,缺少的是有思想的教师.思想是教育的基石和灵魂,有了思想,教师乐在教育中,"我思故我在".没有思想,教师苦在教育中,"学而不思则罔".课程改革呼唤有思想的教师.教师的思想,不仅是其身份存在的需要,更是其专业发展的需要①.教师要具备现代教育理念,通过学习研究,使教育思想达到教育发展的最前沿,同时,要脚踏实地地站在校园的沃土中,注重学校实际、教学实际,在现代理念的指导下进行工作,从而把教学工作带入一个新境界.要知道:人云亦云、亦步亦趋、邯郸学步、跟着潮流、毫无主见,只知道埋头苦干,不知道抬头看路,是无法胜任"素质教育"重任的.做有思想的人是时代对教师素质提出的最高要求.

1. 教师要以做有思想的人为目标

做一个有思想的人,是教师职业的幸福之源,也是使教师对工作感到充实、有价值、有尊严的唯一途径.假如教师离开了做有思想的教师的目标,那么教师的职业生涯将会使他们感到一无所成,毫无意义和价值.

首先,有思想会使教师兴趣广泛,内心鲜活,积极地捕捉各种有意味的信息.有思想会使教师的人际交流变得更有品位,精神生活丰富多彩,使教师从琐碎、单调、平庸的生存境遇中摆脱出来,有一种"一蓑烟雨任平生"的超脱和豪迈.其实,在物质领域和精神领域中都存在着"马太效应"——你的思想愈丰富,就愈加容易变得丰富.因为你思想丰富,你就能看到思想贫乏的人看不到的东西,你信息加工的能力就比较强,你有更强超越所给定的信息而生发出新信息的能力,你能够从更多元的角度、更宏大和更精微的视角看待问题.这样,在与学生的日常交往中会潜移默化地给予学生精神的滋养.

---

① 赵明仁.教学反思与教师专业发展[M].北京:北京师范大学出版社,2009:224.

其次,做有思想的教师,能够使教师更好地理解课程内容."数学是一种思想",就是因为世界的一切都具有质与量的二重属性,数学是从量的角度对世界万事万物关系的一种把握,如勾股定理、正余弦定理都是揭示三角形角与边的等量关系.

再次,有思想的教师,会对学生的心灵丰满和精神充实有一种自觉而又自然的引领.从对课程内容的发掘,到教学策略的选择;从对问题的设计,到课堂氛围的营造;甚至用一套什么样的语言,背后都有思想的底蕴,只是有时教师不自觉罢了.更多的中学教师对实际操作的方法更感兴趣,但操作的方法背后一定有一套关于"良好教育"和"有效教学"的思想,剥离了思想根基的操作方法就像折断的树枝,很快就会干枯和断裂,它绝不会变得更强健和更茁壮.

有思想的教师不人云亦云,不简单化,有自由意志和独立人格.我国部分中学数学教师缺少的主要是一种文化精神、文化眼光,一种自觉的价值追求,一种坚定的对于社会、人生和教育的理想与信念.一言以蔽之,缺乏思想,究其原因是文化底蕴不够丰厚,学识积累过于单薄,缺乏对人类历史文化和人性富于深度的理解.其后果是,中学教师付出的大量劳动停留在低层次的"传道授业"上,缺乏对于学生精神上的引领,缺乏对于自身工作高远的立意,缺乏对于"课本知识"所承载的价值观和心理结构的深刻洞察.创造性地、批判性地使用教材,是课程开发的应有之义,而要创造性地、批判性地使用教材,就需要有文化眼光和专业功底.

学习与思考是教师变得有思想的不二法门.孔子说"学而不厌,诲人不倦",前者是后者的重要条件,没有学而不厌,就难以做到诲人不倦,学习的途径是多种多样的.而思考则不是简单地想一想——如何去粗取精、去伪存真、由表及里、切中肯綮,这就是思想方法的问题.

强调做有思想的教师,就是强调对操作主义、经验主义的超越,对教师职业内在尊严的诠释与追求,对急功近利的拒斥.思想是理论的灵魂,也是理论华美的标识,让教育充满思想,让思想充满智慧,让生活充满人性的光辉,让教师的心灵荡漾在博大、丰富、深邃、光明、温暖的思想之中.终于有一天,我们的年华会老去,可我们的思想会在足迹中闪光,并将照亮前行的路.

2. 中学数学教师要有怎样的思想

(1) 树立新型的人本观

教师要引发学生的学习欲望,成就学生的愿望,引导他们自主合作学习;真正优化课堂结构,建立高效课堂,高效课堂是新课改的突破口. 在新的观念指导下,重视发展学生的内在潜能,坚信每个学生都有发展潜能的欲望,坚信任何学生都有自我实现的需要,强调通过意识体验达到自我肯定. 而如何使学生具备良好的个人素质,迅速适应学习环境,以至将来能顺应快速变迁的社会,正确面对新形势下竞争所产生的心理问题,是教师必须面对而且无法回避的重大问题. 所以教师不仅要重视"知识本位"、"能力本位",更要重视内在精神世界的"人本位". 在教育教学过程中,教师要重点培养学生的健康人格、社会适应性、自控能力以及自我意识等.

一味抱怨学生愚笨的教师绝不是有思想的教师. 教育表达在教师和学生的交往上,表达在教师全部的教育教学行为中. 当学生作业完成不了时,应该了解他的问题究竟在哪里,该怎么帮助他;当学生的考试成绩不理想或出现违纪现象时,应想一想是不是自己的教育出了问题. 有思想的教师懂得按照教育规律办事,懂得按照学生的成长发育规律进行教育教学;会采取学生能够接受、愿意接受并能产生主动学习愿望的方式教学;会思考让学生感到如沐春风、如淋甘露的教育. 有思想的教师眼里只有学生的优点,学生犯错误时绝不挖苦、讽刺、歧视和伤害学生.

(2) 确立正确的人才观

"一花一世界,一叶一乾坤."学生是有差异的、独立的个体,一名学生就是一个独立的世界.学生个性活泼、思维活跃,如果教育不当,就容易产生逆反心理. 所以教师要建立新的学生观,以"平视"而不是"俯视"的眼光看学生,即从可持续发展的角度来看学生. 教师要用积极乐观的态度看待学生的天性和行为表现,对每个学生的发展充满信心,哪怕是一时所谓的"差生". 作为教师,要理解学生身上存在的缺点和不足,允许他们犯错误,不要因为学生犯了错误就大惊小怪,动辄以恨铁不成钢、急于为学生着想为理由惩戒学生. 学生是发展中的人,他们的知识、能力、经验、心理、品质等均不成熟,教师不能简单地以自己的认识、想法、观念去看待学生,看不到学生的可塑性、发展性. 教师在工作中要用变化的、发展的、进步的眼光去看待和研究学生,要看到学生的变化,看到学生的未来,要相信每个学生都是可持续发展的人.

3. 教育科研促进教师思想的形成

有思想的教师是勤奋、谦虚、善学的教师,是善于自我反思的教师,是淡泊名利的教师,是求真务实的教师,是宽容豁达的教师. 思想不会从天上掉下来,思考需要学习与实践,需要在实践中反思,在反思中提高. 做有思想的教师,应经常反思自己的教学:一天的教学结束了,认真反思自己教学中的表现,反思成功或者失败的做法;思考第二天在教学中怎样改进、完善,使学生在课堂上享受学习的快乐. 没有反思的经验是狭隘、肤浅的经验. 教师仅满足于获得经验而不对经验进行深入的思考,发展将大受限制. 同时,作为一名现代教师,教师还应该时刻反思学生的成长过程,这样他看到的将不再是一群学生,而是一个个独一无二、熠熠生辉的生命;反思每一次讲课、每一次感动、每一个遗憾、每一次困惑……都将让教师的心变得更加丰富;反思教学的每一个环节,教师的教学艺术将不断改进、不断成熟.

很多一线教师反映,教育理论工作者的文章一是让人看不懂,二是不能具体指导他们的实践;而很多教育理论工作者也反映,一线教师的文章一是个人的体验性太强,不具有推广性,二是理论性比较弱,还不足以概括教育的内涵. 这是理论之思与实践之思的脱节,脱节的原因在于,理论之思过于强调思想的理性,实践之思过于强调教师的感性. 实际上,理论之思与实践之思并不是相互隔离的,而是一块硬币的两个面,相辅相成.

每一位教师自觉地锤炼思想,都能把自己锻造成为思维更灵敏、境界更高远、情感更丰富、思想更成熟的思想者!

第三节　中学数学课程改革的若干热点问题研究

自 2001 年开始,国家正式启动了新一轮的基础教育课程改革,数学教育的观念、教学内容和方法正在发生着深刻的变化,我国中学数学课程改革进入了重要时期. 在这一时期,国际数学课程改革是在以下两方面的背景下展开的. 首先,科学技术迅猛发展,特别是计算机技术的飞速发展,冲击着传统的数学课程与教学模式,数学教育的目的、内容重点和教学手段等诸多方面都出现了新的变化.其次,第二次世界大战之后,随着包括计算技术在内的现代科学技术的迅速发展,数学的应用领域得到了极大的拓展,各行各业都用到数学,就像今天识字、阅读一样,数学成为公民必需的文化素养,数学教育大众化是时代的要求.这两方面的背景构成了当前中学数学课程改革的基础.

在课程改革实践中,出现一些共同的趋势和热点,构成了当今中学数学教育改革的基本路向,这些热点问题值得我们去探析.

一、中学数学教师角色转换研究

面对新的国家数学课程标准,广大中学数学教师必须更新教育观念,及时转换角色,缩短不适应期,确保新的中学数学课程标准能够顺利实施,并达到预期的目的.

1. 课程标准对中学数学教师角色的期待

中学数学教育是学校教育的重要组成部分,它在教育学生、陶冶学生、发展学生思维能力等方面都起着十分重要的作用.中学数学课程标准是由国家教育行政部门和教育专家制订的,而课程实施是由教师根据自己对课程的理解和主观愿望决定的.中学数学课程改革成败的关键在数学教师.

(1)具有全新的教育观念是深入课程改革的内在要求

教育不仅具有生产力等经济功能和价值,而且这种价值和功能要与精神世界的丰富、道德品质的提高、人与自然的和谐、人文精神的培养相协调.过去有些教育方法,不能很好地适应学生心理的发展以及对创新素质的培养.针对这一客观事实,教师的职能应做相应的改变,由封闭式的教学转变为指导学生开放式学习、探究式学习,具体表现为:教师应树立以学生发展为本的教育观念,建立完全平等的师生关系.新课程的一个突出思想是以学生为本的观念.基础教育的重要任务是培养学生的创新意识.创新意识的培养需要一个和谐、宽松的环境,这种环境需要师生共同营造,其中教师的作用不可替代.只有在平等的气氛里,学生才能进行主动的、探究式的学习;只有在尊重的环境里,学生才有权选择自己的学习方式,有权对教学内容质疑,有权发表自己的见解.尊重学生首先体现在对学生心灵的尊重,这是对学生最大的尊重,它包括尊重学生的兴趣、爱好、情绪、情感、个性特点、抱负、志向、选择、判断、个人意愿;其次体现在尊重全体学生.在实际教学过程中教师更容易尊重那些聪明、听话、学习成绩好或与自己性格接近的学生.但是作为教师,应该平等地对待所有学生,不伤害学生的自尊心,给学生提供平等的机会,这样才能为课程改革目标的实现打下基础.

(2) 具有创新精神是课程中新增内容对中学数学教师的要求

新课程中,增设了数学建模、探究性问题、数学文化三个模块式的内容.这些内容的增设其主要目的是培养学生的数学素质,它要求教师要用全新的教学模式来教学.因此,要求教师要具有创新精神,要能够推崇创新,追求创新和以创新为荣,善于发现问题和提出问题;要善于打破常规,突破传统观念;具有敏锐的洞察力和丰富的想象力,使思维具有超前性和独创性;教师自身应具备宽厚的基础知识和现代信息素质,形成多层次、多元化的知识结构;有开阔的视野,善于分析综合信息,有创新的教学模式、创新的教学方法,灵活地选择教学内容,有以创新思维培养为核心的评价标准等;善于创设创新的自由空间,为学生提供更广阔的学习园地,指导学生改进学习方法.

(3) 具有良好的综合素质是新课程的多样性、选择性对中学数学教师的要求

新课程具有多样的选择性,在共同基础上,设置不同系列课程,以供学生进行适合自己的选择.整个数学课程体系包括课程设置、课程目标、课程内容等,根据学生的不同兴趣、能力特征以及未来职业需求和发展的需要,提供侧重于不同方面的数学学习内容和数学实践活动.这就要求中学数学教师有能力胜任不同的课程,既能教基础课也能教系列课程.教师不仅是解惑者,还应是问题的诊断者、学习的启发者.教师应了解所教学生的个性发展,指导帮助学生按自己的能力需要选择所学的课程.

(4) 具有可持续发展的人格是终身教育理念对中学数学教师的要求

首先,教师应把自身知识的更新视为一种责任,使终身学习内化为教师的自觉行为.其次,社会文化中的价值趋向、理想和信仰、道德情操、审美情趣等都会从教师的角色文化中折射出来,并由此映照在学生的人格世界中.作为言传

身教的数学教师,决定了其人格对学生人格形成有润物细无声的功效.这就要求中学数学教师按社会的道德原则和规范去塑造自我,超越自我.

2. 中学数学教师要做好角色转换的准备

建立开放、沟通、个性化的教育体系,构建以人为本的教育模式,这种前瞻性的构想已无庸置疑地在一步步地变成现实,置身其中的老师,该以何种姿态来面对呢?

(1) 教师要更新思想观念

教师要认识到改革的必要性和重要性.要摆脱旧的教育观念的束缚,更新教育观念,树立正确的人才观、质量观和学生观.

教师要认识到自己在课程改革中的作用和地位,以饱满的热情投身到课程改革中来.

教师要认识到数学素质教育的提出要求教师的教学要关注每一位学生的身心发展,而培养创新精神与实践能力的提出,要求教师的教学要促进学生个性的发展.

教师要认识到在未来社会中,获取知识的能力比获取知识本身更重要,获取信息的方法比获取信息本身更关键.教师给学生的应该是方法库、工具库.教学模式应是知识、素质、创新能力的三维教学模式.

(2) 教师要更新知识结构

教师的知识结构是由本体性知识、条件性知识、实践性知识和文化知识组成的.

未来社会的知识结构应是信息化板块结构、集约化基础结构等,才能适应社会的要求.为适应教学,中学数学教师首先应通过自学,参加继续教育学习或一些培训班的学习,提高自己的专业理论水平.其次,通过报纸、杂志、信息技术等收集有关的教育教学资料充实自己的实践知识.数学文化课的开设,要求中学数学教师要了解数学史,了解数学文化的教育价值,了解数学在其他相关学科的应用等.也就是说,数学教师不仅要精通自己的专业知识,还要扩大知识面,对跨学科的知识有所了解.

随着社会的发展,我们面对的学生也会更加复杂化,这就要求教师必须不断学习心理学和教育学,能够以新的教育理论来支撑自己的教学工作.

（3）教师要更新师生关系观念

教师在师生关系上要接受的第一个事实是教师在学生面前不再具有绝对的权威. 信息时代,学生获得教育信息的渠道是多元化的. 有时学生获得的信息可能比教师快,比教师多. 所以这时的教师在学生面前没有了绝对的权威.

教师在师生关系上要接受的第二个事实是教师与学生在人格上是平等的. 现代教学论认为,在教育过程中,教师将扮演着多种角色,从多方面影响着学生的发展. 教师不仅仅是知识的传道者,他还是学生的榜样、集体的领导者、人际关系的艺术家、心理治疗工作者、学者和习者,以及学生的朋友和知己. 在教学过程中,教师是主导,学生是主体,教学活动是在师生双方的相互作用下共同完成的. 学生的主体作用只有在教师主导作用下才能得以发挥,而教师的主导作用是建立在学生的主体作用之上的. 只有当师生之间互相作用,学生的能动性、自主性和创造性才能得以激发和培养,学生才能得以充分的发展. 因此,在课堂教学中,教师与学生是合作伙伴的关系,教师是组织者、引导者、解惑者,教师与学生在人格上是平等的.

3. 提高教师的施教能力

教师要树立运用现代教育技术的意识. 现代教育技术与传统方式相比,至少有以下三方面的优势:一是使课程内容由静态的灌输变为图文并茂的动态传播,符合青少年学习的特点;二是突破了教学时空的局限,更加适合个性化学习,学生视野大为开阔,学习效果成倍提高;三是网络教育以其鲜明的教育性、教学性、艺术性、标准性,使教学信息无限延伸和拓宽,反馈信息的速度加快,教学效益、教学质量明显提高.

教师要提高使用现代教育技术的能力. 随着现代教育技术的不断发展,计算器的应用已引入教材,多媒体计算机辅助教学已进入课堂. 这就要求教师掌握计算机工具,在助教方面,能提出好的脚本,能使用常见的数学教学软件解决教学中的重点、难点,能评价课件的好坏,有能力选择好的课件,有能力在网络上获取教学中所需的信息资料等. 在助学方面,教师能够组织引导学生参与数学实验,通过实践探索,使学生体验数学家的思维过程. 教师要能为培养学生的探索精神和创造意识提供丰富多彩的教育环境和有力的学习工具. 教师还要能指导学生使用计算器进行繁杂的计算,节省计算时间,提高学习效率.

课程改革遵循了选择性和多样性的原则,要求作为指导者的教师不仅要承认学生的差异、适应学生的差异、运用学生的差异,还要把学生的差异作为一种资源来开发. 现在,不少学校或根据学生能力、学习习惯进行分层教学(分组教学),或对不同学习水平的学生提出不同的学习目标(目标分层),应当说,这是一个很好的尝试,体现了新课程的基本思想. 但分层教学形式易学,内容难以把握,它对教师的综合素质和能力有相当高的要求. 目前,教师所能做的便是充分发挥自己的主观能动性,强化自己的科研意识,坚持自觉学习教育学、心理学、数学史等方面的理论知识,提升自己的综合素养,以迎接新课程对教师提出的挑战.

二、信息技术与中学数学教学整合研究

进入 21 世纪,以计算机多媒体和网络通信技术为核心的现代信息技术迅猛发展,社会逐步迈进以知识创新和应用为重要特征的知识经济时代,现代信息技术在社会生活各领域的渗透和普及,改变着人们的工作方式、学习方式、思维方式乃至生活方式,并引发当代教育的变革.

1. 信息技术与数学教学整合的国内外研究现状

(1) 国外整合研究现状

英国把信息技术作为数学教学的关键技能之一,要求学生能利用软件或其他计算机装置探究数学模型,在计算机(器)上构造各种形式的图形并加以解释. 1982 年,由柯克克罗夫特(W. H. Cockerotft)博士为首的英国国家教学委员会发表了题为"数学算数"的《Cockcortf 报告》.《Cockcortf 报告》指出:"有足够的证据表明,计数器的使用对基本的计算能力没有产生任何负面的影响,儿童从早期起学习使用简单的计数器是明智的. "[①]英国国家数学课程标准要求给学生提供适当的机会来发展并应用信息技术学习数学的能力,数学课程不赞成烦琐的笔算,却重视提高学生的机算(包括计算机、计算器)、心算和估算能力;强调数学和信息技术的综合和交叉,信息技术可以被应用于数学教学中,并对学

---

① 徐斌艳. 数学教育展望[M]. 上海:华东师范大学出版社,2001:373—374.

生的学习提供帮助,使数学知识和计算机知识相互支持与补充.目前英国中学生大都掌握简单的 LOGO 命令,学生能利用 LOGO 命令作图制表等,从而更好地为应用数学解决问题提供了重要工具.

美国作为较早提出信息技术与课程整合的国家,在著名的"2061 计划"(Project 2061)中专门在更高层次上提出了信息技术与各学科相整合的思想."2061 计划"是美国在 1985 年启动的一项旨在提高全体美国人民科学文化素质的宏伟计划,它以根本解决当代教育内容机械膨胀问题为主要目标,以普及科学(广义科学)、提高美国的国力为宗旨,最终将建立和实施一种与现在本质不同的课程模式.该计划分为三个阶段:第一阶段是以科学文化观为依据,重新选择课程内容;第二阶段是将新选出的内容转化为几种不同的可供选择的课程模式,并制定出教育相关领域的配套改革蓝图;第三阶段,全国有关机构和团体通力合作,将第二阶段绘制的蓝图付诸教育实践.当代的课程整合与历史上各种课程整合相比,具有了自己鲜明的个性,这在美国"2061 计划"中有着突出的表现:①采取大规模的行动,通过构建现代知识分类的新框架和重新选择内容,实现课程内容的整合;②更新文化价值观念,以此作为中心来实现课程内容的实质整合;③创设新的课程模式,使课程整合现实化.

当代课程整合的主题:①怎样构建新的能走向未来的课程价值观念? 课程价值观念是课程整合的核心,只有确立了课程价值观念,课程整合才是实质性的而非形式的;②怎样重选内容? 重选内容的实质是重构课程的开放性;③怎样重构模式? 重构模式并不是一件难事和并不需要多长时间的话,那么要使它代替已有的课程模式则是相当大的难题和需要相当长的时间;④怎样培养能够操作新课程模式的教师? 任何课程,一旦投入实施,就必然由教师来操作.新的整合课程的实施成功与否,决定性的环节是它与教师之间是否互相恰切.要使他们与新的整合课程相恰切,就必须对已有教师进行及时培训和改革师范教育的模式."2061 计划"中所说的科学文化素质特别强调应具有善于将自然科学、社会科学与信息技术三者结合在一起的思想,并按照着重培养这类素质的要求将现行中小学数学 12 年应学会的科学文化知识重新归纳.在每一种新的学科分类中,都力图渗透将自然科学、社会科学与信息技术三者结合的思想.1996 年美国成立了与信息技术与课程整合相关的评价和监控组织.2000 年,美国教育技术国际协会信息技术与中学数学教学整合研究会在其出版的《国家教育技术标准(学生)》一书中明确指出:课程与技术应用的整合在于将技术作为工具引入教学,以提高某一领域或跨学科情境中的学习质量,使学生能以前所未有的方式学习. 只有当学生能够选择技术工具来帮助他们适时地获取信息、分析和综合信息,并能专业化地呈现信息时,才能达到有效的技术整合.

实践中,由美国俄亥俄州立大学数学系 D. Frnaklin(富兰克林)教授和 K. Waits(维特)教授创立的 T3 组织,主要由使用手持技术进行教学的教师组成. 他们以"为世界各地的数学和信息技术教师在教学中合理地使用技术提供最好的专业发展计划"为宗旨. 随着手持技术的发展、教师对手持技术的认识不断深化、技术与课程教材的有机整合,使用手持技术的教师队伍不断发展壮大,T3 组织的规模也越来越大,并在世界各地的数学教育界产生了深远的影响. 美国数学教学改革的实践表明,通过运用现代信息技术以及教师在职培训的模式,可以有效地推进教学技术的发展及数学教学改革的进步.

1998 年 7 月,日本在教育课程审议会发表的"关于改善教育课程基准的基本方向"的咨询报告中,就提出了两方面的要求:首先是在小学、初中、高中各个阶段的各个学科中都要积极利用计算机等信息设备进行教学,即将以计算机为核心的信息技术与各学科的课程整合;与此同时,日本在新课程体系中专设"综合学习时间",目的是追求跨学科的、综合性的学习;并确认这种学习对培养儿童的生存能力,让他们更好地适应以国际化、信息化等为标志的社会变化十分必需. "综合学习时间"的设置被认为是日本即将推行的新课程最突出的特色之一,它要求在小学阶段的综合学习时间,课上要适当运用计算机等信息手段;在初中阶段则要把现行的"信息基础"选修课改为必修课;在高中阶段则开设必修的信息课,主要讲授如何运用计算机等设备去获取、分析、利用信息.

加拿大在这一领域也不甘落后,自 20 世纪 90 年代中期以来,各地对信息技术与课程整合的实验不断增加,并取得良好效果. 如 1998 年 2 月温哥华学区的《信息技术报告》指出:信息技术可以创设一个以学生为中心、教师为主导并与广泛的社区相联系的学习环境. 该报告认为信息技术与课程的整合可以有效地改进课程教学,即能实现下述目标:增强学生的批判性思维、合作技能和解决问题的能力;使信息技术的运用成为学习过程的有机组成部分,从而便于学生掌握信息的收集、检索、分析、评价、转发和利用的技能；不仅促进了班级内学生的合作交流，而且还促进了本校学生与全球性学习社区的合作交流，开阔了学生的视野.

以上国外研究现状表明，信息技术与数学教学整合在世界范围内已经取得了阶段性的成果，其价值和意义得到了初步的认同. 但是当前研究仍然不够深入，虽然各自的研究都认为信息技术与数学教学整合有利于课堂教学，但对于从哪方面进行整合、如何进行整合等问题尚未进行明确的阐述.

（2）国内整合研究现状

1995 年，全国中学数学计算机教育研究中心从美国引进了优秀教学软件——几何画板. 1996 年，中心推广几何画板软件，以几何画板软件为教学平台，开始组织"CAI 在数学课堂中的应用"研究课题. 在教育部全国中学数学计算机教育研究中心和北京市海淀区教委的支持下，海淀区几所中学组织了数学CAI 实验课题组，在近四年的实践中，从培训教师使用几何画板软件开始，继而培训部分教师自己开发数学教学软件，培训教师用计算机和网络组织练习和进行评估. 最有意义的是，通过听专家讲课、学习教育理论、集体备课、组织研究课和集体评议等，探索如何在信息技术的支持下进行教学设计. 该实验极大地推动了各校数学教学改革的深入发展，现已推广到全国.

2000 年 10 月，在全国中学数学信息技术教育工作会议上教育部长陈至立指出："必须加快在中学数学普及信息技术教育，努力实现教育信息化. 要重视在开设信息技术课的同时，加强信息技术教育与其他课程的整合"，"要从传统的课件制作转移到各个学科的学习过程中应用信息技术与学习信息技术". 陈至立同志关于信息技术与中学数学教学整合的讲话，在我国首先明确提出了信息技术与课程整合的问题. 从此，关于信息技术与课程及学科教学整合问题的研究便在全国广泛展开，有关课题也迅速被批准为全国及省级"十五"教育科学研究规划重点课题，到 2002 年 3 月有关信息技术与课程整合研究的子课题就已达到 208 个.

以上国内研究现状表明：一方面，信息技术与数学课程整合已经进入了一个崭新的阶段，得到了数学教师的普遍重视并开始付诸行动；另一方面，各项研究仍然处于起步阶段，相关理论成果较为缺乏，仍有许多问题未能得到有效的解决.

2. 信息技术与数学教学整合存在的问题

信息技术与数学教学整合给数学教育带来了深刻的变化,为全面推进数学素质教育、培养创新人才奠定了良好的基础.因此,受到了各级各类教育部门、学校和教师的重视.但是在实际的数学教学过程中,却存在这样或那样的问题,如果不正视这些问题,势必会阻碍数学教育信息化的进程,延缓数学教育改革的步伐.

(1) 教育观念陈旧

信息技术与数学教学整合的最终目标是通过信息技术在数学教学中的使用,使学生的数学学习方式由被动变为主动.信息技术在数学教学过程中,不仅是教师的教辅工具,更是学生自主学习、建构知识意义和情感激励的工具.但在实际教学过程中,我们发现许多教师并没有真正理解信息技术与数学教学整合的内涵,他们深受行为主义学习理论的影响,仅仅把传统的以教为中心的数学教学模式加上信息技术,信息技术只是作为课堂教学的装饰和点缀,课堂教学过程由"人灌"变成"机灌",学生依然处于被动接受的地位.因此,并没有真正发挥信息技术在数学教学过中所具有的优势.

(2) 忽视数学学科特点

信息技术与学科教学整合要在体现学科特点、改革传统教学的基础上,将信息技术作为教师的教学工具、学生的学习和认知工具等形态与学科教学过程紧密地结合起来.要注意结合中学数学的特点,构建易于实现学科教学整合的新型教学模式.

因此,计算机进入数学教育必须考虑数学教育的学科特点,满足数学教育的特殊要求.数学是集严密性、逻辑性、精确性和创造性与想象力于一身的科学,数学教学则要求学生在教师设计的教学活动或提供的环境中通过积极的思维不断了解、理解和掌握这门科学,因此揭示思维过程、促进学生思考就成为信息技术与中学数学教学整合研究的特殊要求.数学需要进行思维训练,仅依靠课件表面的生动难于激发学生持久的学习热情,而且也难以达到数学教学的目的.所以,如果一味地追求形象、直观、具体、生动的效果,忽视了学生认知发展规律,就会使学生对学习情境的依赖心理增强,养成抽象思维的惰性.反之,如果过于追求大而全的逻辑知识体系,注意了数学的科学性,却忽视了多媒体计算机本身的特点,把课件做成了数学课本的电子版,就会偏离信息技术与数学教学整合这根主线.

虽然几何画版等软件的引进使我们认识到计算机在数学教育中存在的巨大潜力,但把潜力转化为胜过传统教学的优势还有待于教师的挖掘,即教师的二次开发.这需要教师在教育软件平台上把计算机的数学技术、按钮技术、窗口菜单技术等多种技术与数学教学的内容、学科特点等结合起来用于数学的教学过程中.

(3) 对教师地位的认识不足

依托于信息技术而发展起来的建构主义学习理论认为知识不是由教师传递的,学生是知识意义的主动建构者,是信息加工的主体.于是有些数学教师把主体回归的课堂变成了主体放任自流的课堂,放手让学生在网络中自学而不进行监控、在讨论区中自由发言而不围绕主题,导致了学生主体极端化的出现.信息时代的数学教育需要信息技术,但同时也要突出教师的主导作用.任何先进的技术都不能取代教师,因为教师了解教材,了解学生,他知道信息技术何时才能在教学中发挥积极作用和怎样发挥作用,以及如何把计算机、多媒体及网络技术恰当地引入数学教学.计算机等信息技术是作为教师进行现代化教学的工具、手段和环境而出现在数学教学活动中的.

在信息技术与数学教学整合的过程中还出现了一些其他的问题,比如,缺乏合适的数学教学软件,数学教师的信息技术应用水平低,对整合的内涵以及数学素质教育的理解肤浅等.所以,信息技术与数学教学整合是一个长期且艰难的过程,需要全社会以及数学教育界人士的参与和支持.

3. 信息技术与数学教学整合研究的发展方向

随着以计算机为核心的信息技术的不断发展及其在教育教学中的应用,教育本身从目的、内容、形式、方法到组织终将发生根本性的转变,对信息技术与课程整合还需在哪些方面作更深入的探讨呢?

(1) 信息技术仅作为演示交流的工具,而不是替代教师的地位

信息技术将教学内容方便、快速地集成,将教育资源有效整合后,通过文字、声音、图像的形式呈现给学生,有利于学生对知识的获取.信息技术要能形

象地展示某些学生难以理解的内容(如用图标、动画等展示动态变化的过程和理论模型),以帮助学生理解、学习.通过留言簿、电子邮件、论坛等交流工具培养学生的合作精神,拓展学生解决问题的方式和思路.

(2)信息技术与中学数学融合要有明确的目的性

以计算机为核心的信息技术确实具有优化教育教学过程的多种特性,其集中体现就是能充分发挥学生的主动性与创造性,从而为学生创新能力和信息处理能力的培养营造最理想的教学环境,这样的环境正是创建新型教学活动进程的结构所必不可少的.进一步探索信息技术与课程的整合,应该从传统的课件制作转移到在各个学科的学习中应用信息技术和学习信息技术,积极探索应用信息技术培养学生创新精神和实践能力的方法和途径.只有这样,才能真正发挥信息技术对教育的推动作用.

(3)课程的整合要培养学生良好的信息素养

课程的整合不仅仅能使学生更快掌握一定的知识和技能,更重要的是能使学生具备良好的信息素养,这样才能使学生把信息技术作为支持终身学习和合作学习的手段,为将来的工作、学习和生活打下必要的基础.在课程整合中培养学生信息素养的目标,包括具有信息分析的能力、信息获取的能力、信息加工的能力、信息利用的能力和信息交流的能力.

(4)结合数学学科的特点进行整合

单纯地掌握信息技术,对于教师和学生来说,不是很难的事情,关键是如何把信息技术融入到各学科的学习中.整合需要在信息技术支撑下的教学环境中重新对教材教法进行深入的分析,整合的目的不仅要有利于教师的教,更要有利于学生的学.

(5)重新定位教师与信息技术的关系

衡量教师的教学,首先要看其本学科的教学能力与水平,技术应用于教学只对教育教学起辅助作用,任何时候技术都不能替代教师的地位和作用,特别是教师的人格魅力.在与学生交流的过程中,任何技术都只是一种工具,因此在与课程的整合中,要注重教师信息技术的掌握与应用,更重要的是不断促进教师的业务水平和对学生的责任感和敬业精神,教师要不断地研究社会对教育提出的新问题以适应社会发展的方向.

　　课程整合强调在科学的教育观指导下,将信息技术的学习和应用与教育观念更新有机地结合起来,应用信息技术对学科体系、内容、方法和手段进行全面的改革,积极探索信息技术与课程整合的方式方法,用信息技术更好地推动教育改革,为全面推进素质教育服务.

三、创造性地使用中学数学新教材研究

　　新课程对教师的一个重要要求就是由"教教材"到"用教材".正如著名教育家叶圣陶先生所说:"教材只能作为教课的依据,要教得好,使学生受益,还要靠教师的善于运用."教材不是圣书,也不是绝对权威,它只是提供了最基本的教学资源.由于学生情况、教师素质、教学条件等方面的差异,教师对教材的使用应从实际出发,既遵循教材,又不囿于教材;既要凭借教材,又要跳出教材.教材是影响学生发展的重要载体,只有深入理解它,把握它,创造性地开发和应用它,才能跟得上新课改的步伐,才能更好地实现课程目标.

　　新教材虽然没有包括数学课程改革的全部精神与目标,但至少在一定程度上反映了数学课程标准的主要内容与指导思想,重要的是数学教师需要用它来进行教学.通过分析数学教师对新教材的认识和处理情况,至少可以观察出数学教师对新教材的理念、内容、精神理解和运用得如何,也可以了解到教学方法的选取、教材内容的转换与加工、课堂教学的设计与过程是否体现了教师的作用,是否从以教师为中心的课堂转变到了以学生发展为本.所以,数学教师认识和处理新教材的观念和行为反映了数学基础教育改革的实施情况.

1. 数学教师认识和处理新教材出现偏差的原因

　　(1)新教材要求高,教师要适应和熟练需要一个过程

　　教材呈现的内容应该是学生进一步学习和步入社会能用到先进的数学事实、概念、原理、思想方法与数学精神.至于具体怎样呈现、何时呈现、怎样审议效果,又必须符合新课程的精神与要旨.数学教师如何使用应结合本地、本校、本班学生的个体差异灵活取舍,这对数学教师提出了较高的理想化要求.而以往数学教师总是以教材为中心,不看对象、不问原因、不究内容的难易与深浅、不注重方式地灌输,然后通过超负荷的练习来巩固学生所学,迎合了考试评价

机制的评估要求,暂时效果较理想.但学生学习数学的体验与建构,面对问题情境提出问题、创新性地解决问题的能力较差,而这些也是旧的考试评价机制无法量化与测验的,这些能力的培养现在都需要数学教师在课堂中通过促进、指导和合作方式来进行,并且应该自己找出较佳的方式诊断出学生在学习过程中出现的不足加以纠正,检测出学生在课堂数学活动中随时闪耀的创新火花,定性地衡量出每个学生的数学现实与数学能力等,这不能不说真有点难为教师.所以,在改革过程中,数学教师认识和处理教材出现这样那样的问题是可以循序渐进得以克服的,但这需要一个学习、实践、熟练、创造的过程.

(2) 评价机制改革的滞后影响了教师认识和处理教材的能力发展

数学教学内容基本上体现了数学教育的大众性、生活性、人本性、活动性的特征,大多知识点的材料背景来源于现实,使得学生有亲历感和操作感.如何评价教师和学生是在"做"数学,而不是简单验证原始数学的数和形,需要一个合理规范性的评价标准来衡量.另外,放手让学生步入社会,收集数据、分析问题、提炼模型、检验模型这就能够培养学生的形式化和合理化的意识和能力吗?每一堂课都让学生玩游戏、独自瞎想、画画看看、说说议议,学生能琢磨出一个好的概念、一个好的原理、一个好的问题模型吗?虽然,学术形态的数学需向教育形态的数学转变,但无论怎样,也得在这种转化的数学教学活动中体现出数学的严谨性、抽象性和准确性的形式和体系.难怪弗赖登塔尔一方面强调学生的"数学现实",同时也倡导与其说是学习数学,还不如说是学习"数学化";与其说是学习公理系统,还不如说是学习"公理化";与其说是学习形式体系,还不如说是学习"形式化"①.这里实际上是说数学自身的数学化过程应该教给学生.课堂活动、课外活动、问题背景很肤浅地体现了水平化的数学,但要折射出概念的本质属性、命题网络的抽象与演绎,从而形成结构和体系,还需要更深层次的垂直化的数学知识.所以,需要一个合理、科学的多元的评价体系,既能准确评价学生学习数学化的能力,也能评价出学生学习数学所需要的情绪和态度等,同时也是解决教改中争论和分歧的有力武器.

---

① 唐瑞芬.数学教学理论选讲[M].上海:华东师范大学出版社,2001:23.

2. 创造性地用教材研究的几点建议

数学课程标准指出：教师是学生数学活动的组织者、引导者与合作者，教师要积极利用各种教学资源，创造性地使用教材，设计适合学生发展的教学过程。教师用自己独特的个性，把自己对教材内容的感悟、体验、激情、灵感和经验融合在课堂中，对教材进行重新钻研、处理。教材只是知识载体，给教师提供了一个教学的基本素材和思路。教师要树立用教材教，而不是教教材的思想。如何才能创造性地使用教材呢？

（1）积极参加培训进修。一些教育学或心理学的专家固然有其丰富的理论和经验，这些理论和经验，数学教师听起来很感兴趣，做起来却不知如何下手；数学家的讲授又太强调结构与体系，这些体系与结构更使数学教师望而生畏。能够结合这两方面的优势，弥补这两方面缺陷的人，主要是教材编写者。因此，一线教师应多参加由教材编写者主讲的培训，从中体会知识和内容安排的意图和精神。

（2）学习数学课程改革的有关成功实验。如 MM 方式（数学方法论的数学教育方式）实验的经验与操作方式，既教合情推理模式，又教数学中的一般文化修养，既教证明又教猜想，以期全面开发学生的智力，进而切实培养学生的创新精神与能力[①]。这些教学实验完全与数学课程标准的精神与理念相吻合，并且已经大面积取得成效，极具推广价值。这些成功实验既发掘了传统数学教育的优势，又体现了国际数学教育改革趋势与潮流的先进经验与具体做法。所以，新一轮的课程改革应该对此加以学习和借鉴。

（3）学习一些新的教育学或心理学理念，掌握一些近、现代数学基础方面的基本思想与方法，进而转变教学观念、改进教学行为，使自己的内隐理论与改革理念整合，经验性的教学策略朝着合理性的教学策略转变。这是每个投身改革中的数学教师迫在眉睫的任务，也是数学教师专业化水平提高的必然趋势。教师可以用"在行动中反思，然后在反思中行动，循环上升"的反思性教学策略来检视自己的教学行为；可以按照"观察——发现问题——筛选问题——交流讨论——改进措施——行动——反思"的程序进行反思性教学能力的培养；可以

---

① 胡建庭. 源于教学·高于教学——MM 方式演绎[M]. 大连：大连理工大学出版社，2009.

将自己在教学中的所行、所思、所学反映在教师成长档案中,以期提炼和与人共享.

四、中学数学育人价值的研究

我国的数学教学历经了漫长的注重基础知识和基本技能阶段,继而又在强化训练中提倡发展数学能力,已形成自己的风格.然而,在国际大潮的推动下,人们越来越感到我们的数学课似乎忽略了一些什么,而数学课中又的确存在着一些尚待发掘的东西,这就涉及到了数学教育的价值问题.有鉴于"双基"、"能力"一直是数学教学中的重点,而数学的育人功能近几年成为研究的热点问题之一.

1. 中学数学育人价值研究的主要内容

数学课程标准指出:义务教育阶段的数学课程是培养公民素质的基础课程,具有基础性、普及性和发展性.数学课程能使学生掌握必备的基础知识和基本技能,培养学生的抽象思维和推理能力;培养学生的创新意识和实践能力;促进学生在情感、态度与价值观等方面的发展.义务教育的数学课程能为学生未来生活、工作和学习奠定重要的基础[①].因而,中学数学育人价值研究主要围绕中学数学课程目标、课程内容、课程实施而展开,其研究内容可以概括为以下五个方面.

(1)中学数学课程目标对学生发展的影响

研究中学数学课程目标在数学课程编制和课程实施中的地位和作用,在此基础上着重研究它对学生学习和发展的影响.研究表明,中学数学课程目标在学生的学习和发展中具有以下重要作用.

一是为学生的学习和发展指明方向.中学数学课程目标要从知识技能、数学思考、解决问题、情感态度四个方面去发展学生的数学素养和个性心理品质,这些要求为学生的发展规定了方向,指明中学数学教育应从哪些方面为学生今

---

① 中华人民共和国教育部. 义务教育数学课程标准(2011 年版)[M]. 北京:北京师范大学出版社,2012.

后进一步学习和持续发展打好基础.课程目标表现出强烈的导向作用,并且这种导向作用是长期的,甚至可以影响学生的终身发展.

二是为学生的学习和发展提供动力.首先,数学课程目标在知识技能掌握、能力发展和情感态度养成等方面提出的要求都是学生必须切实达到的基本要求,这些要求一旦被学生认可和接受,就会成为他们为之努力达到的强大动力.其次,在教学活动中教师根据实现课程目标的需要,采用一切有效措施调动学生的学习积极性,促进学生有效学习,这本身就在为学生的学习和发展提供动力.另外,数学课程目标十分重视学生学习兴趣、好奇心、求知欲的激发和自信心的建立,这些目标实现以后又会成为学生今后进一步学习和发展的强大动力.

三是为学生的学习和发展确立质量标准.数学课程目标从四个方面对学生在接受义务教育阶段数学教育之后所要达到的发展水平作出了具体规定,这种规定实际上为学生的学习效果和发展水平确立了质量标准.它不仅为学生确立了数学知识技能掌握水平的标高,同时还从数学思维、数学能力发展和情感态度养成层面确立了质量规格.

四是为学生的学习和发展过程提供调控作用.中学数学课程目标是一个由总体目标、学段目标、学期目标、单元目标和课时目标构成的多层次结构体系,它既是一种结果性的目标,又是一个过程性目标,学生的发展是在这种结果性和过程性相统一的目标调控下实现的.中学数学课程目标可以为学生的学习和发展提供强有力的调控作用.首先,多层次的课程目标能为学生提供沿着既定目标展开学习和有效发展的保障;其次,数学课程目标在教学活动中既可以强化师生正确的教学行为,也可以指导师生修正偏离目标要求的不当行为,从而保证学生学习活动的有效性和发展方向的正确性.

(2)中学数学课程内容的育人功能

中学数学课程内容的育人功能概括为以下几个方面.

① 培养学生的数学意识

让学生学会用数学的眼光看问题,用数学的思维方法分析问题和处理问题.

② 让学生获得基本的数学思想方法

数学既反映了一些具体的数学知识,又蕴含着一些重要的思想方法,作为中学数学课程内容的数学知识同样具有这种二重性.学生在学习中获得的数学知识特别是那些细枝末节的具体知识可能很快被遗忘,但他们所掌握的数学思想方法却会长期保留,甚至终身受用.因此,中学数学课程在智育上的一项重要功能,与其说让学生掌握数学知识,不如说让学生获得数学知识中蕴含的数学思想方法更为重要.

③ 发展学生的思维

发展学生的数学思维是数学教学的重要任务之一,中学数学课程内容具有促进学生思维全面发展的潜在功能.

④ 发展学生的能力

中学数学课程内容具有促进学生运算能力、抽象概括能力、推理能力、解决问题的能力、探究发现能力、实践能力、创新能力等发展的潜在功能.

⑤ 促进学生良好思想品德和个性心理品质的养成

首先,数学课程用反映我国社会主义建设伟大成就、体现古今中外科学发展成果的大量素材为载体去呈现数学课程内容;数学课程中的许多内容,都体现了辩证唯物主义的基本观点.学生在数学学习中能感受到爱祖国、爱家乡、爱科学的教育和辩证唯物主义观点的启蒙教育,这有利于促进学生良好思想品德的养成.其次,中学数学课程内容中概念的科学性、推理过程的严谨性、数学结论的准确性、运算结果的唯一性对学生的情感态度养成具有重要影响,它有助于学生从小养成实事求是的科学精神,形成严谨的科学态度.再次,中学数学课程内容严谨的表达形式、规范的书写格式和精细的运算过程对学生的情感态度也具有较大的影响,具有促进学生良好学习习惯养成的育人功能.另外,中学数学课程内容还充满着美的教育因素,如教科书呈现的数学知识的形式美、几何图形的对称美、数学概念和规律的内涵美等,都是对学生进行美的教育的良好素材,学生在其学习中可以获得美的熏陶与感染.

(3) 数学学习方式对学生发展的影响

课程改革大力倡导的自主学习、探究学习、合作学习和传统教学中广泛运用的模仿学习、接受学习等学习方式,对学生的学习与发展都有促进作用,也会产生负面影响.

① 模仿学习和接受学习对学生发展的影响

对于模仿学习,由于榜样的作用,学生在数学学习活动中特别是那些程序性知识的学习中,规范的操作程序有助于学生对所学数学知识的正确理解与掌握,确保学生获得符合操作规则的数学知识和数学技能.接受学习是一种经济有效的学习方式,对学生学习与发展的积极作用主要表现在三个方面:一是可以扩大数学学习的信息量,提高学习效率;有助于学生在短时间内掌握更多的数学知识;二是有助于学生对所学数学知识的正确理解,帮助学生形成良好的数学认知结构;三是积极主动地接受学习有助于学生学会如何去聆听教师的讲授和接受教材传递的信息,让学生学会学习.

如果处理不当,模仿学习和接受学习也可能对学生的学习和发展产生消极的负面影响.比如,模仿学习容易导致学生学习中简单的机械模仿,不利于学生的自主探究发现;接受学习容易造成学生学习活动中的被动接受,不利于学生经历数学知识的探究发展过程,不利于学生创新精神和实践能力的发展.

② 自主学习和探究学习对学生发展的影响

自主学习和探究学习对学生发展的促进作用可以概括为以下五个方面:一是能调动学生的学习积极性,有助于学生主体意识的发展,促进学生探究愿望的形成;二是能够促进学生主动参与数学知识的探索发现过程,有助于学生了解数学知识的形成过程,促进学生对数学知识的理解与掌握;三是学生在主动探究数学知识的过程中可以更好地理解其中的数学思想方法,积累数学活动经验,从而促进学生对数学基础知识、基本技能、基本思想方法和基本活动经验的全面掌握;四是有助于培养学生的探索精神和探究能力,形成独立学习和自主解决问题的意识与能力,从学习的动力机制和能力基础等方面为学生的未来发展奠定基础;五是有利于学生的探索精神和科学态度的养成,从而促进学生良好思想品德和个性心理品质的形成.

如果处理不当,自主学习和探究学习对学生的学习和发展也可能产生一些负面影响.首先,过度的自主学习和探究学习不利于提高学生的数学学习效率,甚至影响学生对数学知识的深刻理解和系统掌握;其次,片面强调自主学习和探究学习,可能增加学生学习数学的困难,造成学生学习上的畏难情绪,降低其求知欲.另外,如果教师指导不力,学生在自主学习和探究学习中有可能形成某些错误的数学认知结构.

③ 合作学习对学生发展的影响

合作学习对学生发展的促进作用主要表现在三个方面:一是利用集体的力量解决数学学习中的困难,减少学习障碍,提高数学学习效率,促进学生对数学知识全面而深刻地理解;二是有助于培养学生的合作意识,促进学生合作能力的发展;三是有助于培养学生的创新意识.

如果处解不当,合作学习也可能对学生的学习和发展带来一些消极的负面影响.首先,合作学习容易导致学生的从众心理,使一部分学生在学习上产生依赖性,降低他们学习的主动性和探索性,从而加剧学生的被动接受学习;其次,如果运用不当,合作学习有可能导致学生学习和发展上的两极分化,造成部分学生长期处于被动和落后的局面;再次,合作学习一般耗时较多,过度的合作不利于全面提高学生的学习效率,也不利于学生对数学知识的系统掌握.

(4) 数学教学方式对学生发展的影响

在中学数学课程实施中,可采用的教学方式很多,它同样会影响学生的学习和发展.这里主要介绍讲授式、启发式、活动式等教学方式对学生发展的影响.

① 讲授式教学对学生发展的影响

讲授式教学作为一种以教师讲解和学生接受为基本特征的教学方式,一方面有利于学生正确理解并系统掌握数学知识,让学生在较短的时间内获得更多的数学知识和技能.另一方面讲授式教学也可能对学生的学习和发展造成诸多的负面影响,它容易形成注入式和灌输式教学,造成学生被动接受教师的讲授,机械记忆数学知识.这是因为在讲授式教学中学生少有机会去主动探索数学知识,学生难以全面经历探索数学知识的学习过程,也不利于体会数学知识的应用价值,更重要的是它不利于学生探索精神和创新意识的培养.

② 启发式教学方式对学生发展的影响

启发式教学是一种以充分调动学生学习积极性,引导学生积极主动获取知识为特征的教学方式,对学生的学习和发展具有重要的影响.首先,它有利于调动学生学习的积极性和主动性,让学生积极主动地参与数学学习,提高学生的学习效率;其次,在启发式教学中,教师的启发引导增强了学生学习成功的机会,有利于学生获得学习成功的体验,增强学习的自信心;再次,启发式教学可以帮助学生获得学习的方法,学会学习.

启发式教学也不是万能的,如果处理不当,也可能造成学生对教师的指导产生依赖性,从而削弱他们学习的独立性和主动性,对学生今后进一步学习和终身可持续发展造成负面影响.

③ 活动式教学方式对学生发展的影响

活动式教学是一种借助活动促进学生更好地学习知识和技能、发展能力的教学方式.这种教学方式的积极作用表现在:一是可以让学生在"做数学"的活动中全面经历数学知识的形成过程,在活动中理解数学知识、体会数学知识的应用价值;二是学生在活动中学习数学有助于他们体会数学学习的乐趣,激发学习兴趣;三是活动式教学可以帮助学生学会与人合作,促进其合作意识和合作能力的形成.但是,这种教学方式如果处理不当,也可能对学生的学习和发展造成某些负面影响.一是对活动中获得的数学经验如果不及时作必要的提炼,就会削弱学生对数学知识本质的理解,使其对数学知识的掌握停留在生活经验状态.比如在"等式性质"教学中,如果过度强化用天平称物体的活动,对其活动经验不进行适度提炼,学生获得的就仅仅是天平两边平衡的表象,而不是数学意义上的等式性质.二是活动式教学也可能造成学生的从众心理,不利于学生独立性和自主性的形成.

(5) 数学学习评价对学生发展的影响

学习评价对学生发展的影响,重点关注以下几个问题.

① 学习评价的价值取向和功能定位

把数学课程标准提出的"学习评价的主要目的是为了全面了解学生数学学习的过程和结果,激励学生学习和改进教师教学.应建立目标多元、方法多样的评价体系.评价既要关注学生学习的结果,也要重视学习的过程;既要关注学生数学学习的水平,也要重视学生在数学活动中所表现出来的情感与态度,帮助学生认识自我、建立信心"[①]作为开展数学学习评价研究的价值取向,希望通过评价去促进教师不断改进自己的教学,激励学生更加富有成效地进行数学学习,让他们在学习中获得更好的发展.根据这一价值取向,把中学数学课程实施

---

① 中华人民共和国教育部.数学课程标准(2011年版)[M].北京:北京师范大学出版社,2012.

中的学习评价功能主要定位于导向、激励、诊断、调控和发展几方面,并充分利用这些功能去促进学生的学习与发展.

② 数学学习评价对学生发展的影响

数学学习评价作为对学生数学学习过程和学习结果作出的评估和价值判断,对学生的学习与发展是产生积极作用还是消极影响,这要取决于评价内容、评价过程、评价方式的科学性和合理性.科学合理的数学学习评价对学生的发展具有积极作用,能激发学生的学习积极性,促进学生良好个性品质的形成.不当的评价会对学生的发展产生诸多的消极作用.如片面强调评价的激励性,对学生的学习做出过高的评价,就可能使一部分学生产生自满情绪,从而影响今后的学习与发展;如果对学生的数学学习过程和结果做出过低的评价,又会严重挫伤学生的学习积极性,同样影响今后的学习与发展.教师的评价如果不公正,就会导致部分学生的不满情绪,甚至出现逆反心理,从而影响学生的学习,影响学生健全人格的形成.

③ 数学学习评价的有效实施

发挥数学学习评价对学生发展的促进作用,从避免其消极影响的角度探索数学学习评价实施的问题.对中学数学学习评价要特别注意以下几点:

一是评价内容要充分体现中学数学课程育人功能,全面反映数学教学对"三维"目标的追求.既要关注学生对数学基础知识、基本技能、基本思想方法和基本数学活动经验的掌握,也要关注学生数学能力特别是思维能力、解决问题能力和创新意识的发展,同时还要关注学生良好思想品德和个性心理品质的养成.这样,通过全面的评价去促进学生素质的全面发展.

二是评价方式要灵活多样.除了期末考试、毕业考试等纸笔测试外,还要特别关注学生学习与发展过程的评价,要充分运用课堂观察、写数学日记、记录学生数学学习过程等评价方式,让评价更好地引导学生的发展过程.

三是评价要富有激励性,要有利于调动学生的学习积极性,激励学生更好地学习.评价应把是否有利于学生的学习作为评价有效性的主要标准,凡是能激励并促进学生学习、能充分发挥学生学习与发展潜能的评价都是有效的评价;反之,则是低效或无效的评价.

四是评价应力求客观公正.评价中对学生的学习过程和发展水平,教师要做出准确的判断和恰如其分的评价,要用事实说话,以理服人,不要凭教师的主观印象下结论.

2. 中学数学课程育人功能的研究方向

中学数学课程育人功能研究是一项以深入分析并充分发挥中学数学课程的育人价值,促进学生最佳发展为根本任务的数学教学改革研究,旨在揭示我国中学数学课程在促进学生数学素养、创新精神、实践能力和良好情感态度形成与发展方面所具有的功能.此项研究触及了中学数学教育的本质,从育人的高度回答为什么要在中学教育阶段设置数学学科课程的问题,这对在课程改革中如何进一步完善中学数学课程内容及其结构,怎样确立中学数学教育的核心价值,具有重要的意义.中学数学课程育人功能还有很多问题尚未解决,需要进一步深入研究.

(1) 中学数学课程目标与数学课程内容之间的关系

探讨教育教学目标(特别是课堂教学目标)与数学教材内容本身所具有的育人功能是否吻合,从数学教学目标在数学课堂教学中的导向、激励、调控作用出发,研究数学教学过程如何紧紧围绕教学目标的要求去展开.这对于广大数学教师在教学中牢固树立目标意识,克服教学中的主观随意性和形式化倾向,增强数学课堂教学的实效性,切实提高教学效率,有着重要的现实意义.

(2) 中学数学课程实施对学生学习与发展的影响

探索数学学习方式、教学方法、教学手段和学习评价对学生学习与发展的促进作用,以及它们对学生学习与发展可能产生的消极影响,如何趋利避害,从而最大限度地发挥学习方式、教学方法、教学手段和学习评价等要素促进学生发展的积极作用.这将对广大数学教师在教学中如何去正确处理教与学的关系,根据学生学习与发展的需要去选择教学方法和教学手段,充分运用数学学习评价去激励学生更好地学习,促进他们自主发展,具有重要的借鉴作用.从这一意义上讲,这方面的研究将会促进师生教与学行为方式的转变,对中学数学课堂教学和学生的数学学习产生实实在在的影响,并且这种影响在学生的后续学习与发展中将会更加明显地反映出来.

(3) 通过数学课程实施促进学生最佳发展

这是一个涉及多种因素的系统工程,需要整体考虑.首先,要精选中学数学课程内容,优化数学课程结构,编写有利于发挥其育人功能的中学数学教材(包括校本教材).其次,数学教师要切实树立以学生发展为本的教育思想,在课程实施中为中学数学教学确立正确的价值观.再次,教学中教师要根据发挥数学课程的育人功能和促进学生学习与发展的需要去选择教与学的方式、设计教学过程、实施教学活动,努力把中学数学课程潜在的育人功能变成学生的实际发展水平.这方面的研究不仅内容十分广泛,而且研究的方法和实施过程也有很大的开放性.需要教师在数学课程实施中,一方面围绕中学数学课程的育人功能去创新教学模式,优化教学过程,全面提高教学效率;另一方面要全面继承我国传统数学教学中一切好的做法,实现继承与创新的有机统一,通过这种统一去更好地整合中学数学课程目标、课程内容及其结构、学习方式和教学手段、教学评价的育人功能,以此促进我国中学教育阶段学生素质的全面和谐发展.

思考题

1. 分析中考、高考命题的发展趋势.

2. 中学教材内容,如平面几何、韦达定理、解析几何、微积分等,如何编写才能适应时代发展的需要?

3. 建构主义理论对中学数学教学有哪些影响?

4. 如何处理好中学数学大众教育和精英教育的关系?

参考文献

［1］上海市教育委员会.上海市中小学数学课程标准[M].上海:上海教育出版社,2004.

［2］中华人民共和国教育部.义务教育数学课程标准(2011年版)[M].北京:北京师范大学出版社,2012.

［3］王凤春.数学教育技术引论[M].上海:上海教育出版社,2011.

［4］张肇丰.从实践到文本[M].上海:华东师范大学出版社,2012.

［5］沈兰,郑润洲.变革的见证[M].上海:上海教育出版社,2008.

［6］高宁.关于马克思人的全面发展问题研究综述[J].党政干部学刊,2004,6.

［7］俞可平."人的自由而全面的发展"是马克思主义的最高命题[J].理论动态,2004,5.

［8］刘儒德.建构主义:知识观、学习观、教育观[J].人民教育,2005,1.

［9］段塔丽.略论维科对近代西方哲学的贡献[J].宁夏社会科学,1998,4.

［10］赵汀阳.心事哲学之一[J].读书,2001,3.

［11］杰尔·康弗里.教育中的建构主义[M].上海:华东师范大学出版社,2002.

［12］王治河.论后现代主义的三种形态[J].国外社会科学,1995(1).

［13］华勒斯坦.开放社会科学[M].北京:读书·生活·新知三联书店,1997:64.

［14］余凯,徐辉.后现代主义与当代教育思潮引论[J].比较教育研究,1997(6).

［15］王治河.扑朔迷离的游戏[M].北京:社会科学文献出版社,1998:105.

［16］杨国荣.科学的形上之维[M].上海:上海人民出版社,1999.

［17］(德)汉斯-格奥尔格·加达默尔.真理与方法(上卷)[M].上海:上海译文出版社,1999.

［18］(美)大卫·格里芬.后现代科学[M].北京:中央编译出版社,1995.

［19］严士健,张奠宙,王尚志.普通高中数学课程标准(实验)解读[M].南京:江苏教育出版社,2006.

［20］黄荣金,李业平.数学课堂教学研究[M].上海:上海教育出版社,2010.

［21］王建军.学校转型中的教师发展[M].北京:教育科学出版社,2008.

［22］荀渊,唐玉光.教师专业发展制度[M].北京:教育科学出版社,2001.

［23］魏庚人.中国中学数学教育史[M].北京:人民教育出版社,1987.

后记

　　受种种因素的影响,一线中学教师纷纷涉足教育科研,但大多又"乘兴而来,败兴而归". 教育部前副部长韦钰说:"中小学领导和广大教师应真正形成共识:没有教育科研意识的领导,不是开拓创新的领导;仅仅会教几节课而不会搞教育科研的教师,不是新时期的合格教师."当然,也有人用孔子的自嘲"述而不作"来安慰自己的不研不著. 当华东师大出版社约我商谈本书的撰写时,我顿觉必要,应该在这方面做些工作. 中学教师被无效教育科研困扰的现状是我选择本书撰写的根本原因. 用什么方式来表达呢? 不由想起《论语》是由弟子根据孔子的思想编纂而成的故事来,虽只是东施效颦,但总想见贤思齐. 于是把多年有关科研的文章、研究专题、工作室的研究课题汇集起来研究一番,然后整理成章节,既有新课程理念的引领,也有具体科研问题的解决.

　　我曾在上海市重点中学任教 12 年,担任中学数学教研员 15 年,担任区名师工作室主持人 6 年,担任十余省市骨干教师研修班的指导老师和督学,并已参与了十多年的教师培训工作,对教师教育科研问题有切身的体会和一己思考,而"如何提高教育科研的实效性"一直是我运思的原点和研究的方向.

　　实际的撰写并不顺利,从确立课题到完成初稿历时两年多. 一方面,国内外教育理论繁杂,如何梳理出对我国现实教育科研有指导意义的理论,需要阅读大量的著作,选择的案例要有说服力和针对性. 另一方面,邀请专家,多次研讨,确立以案例为主线的写作格调. 根据专家的建议,撰写的内容要有层次,既有ABC,也有高精尖,普通教师看了会受益匪浅,专家学者读了也会认为开卷有益. 这样的著作才会有生命力,长期留存.

　　兴手起笔,踟蹰开篇. 绪论由本人执笔,静安区教育学院任升录先生、杨浦区教师进修学院王国江先生参加了讨论. 大家认为,新课程面向全体教师,著作要有普适性,根据大家的建议,多次修改,本书已是第 6 稿了.

在撰写过程中,我工作室的申锦明、孙浩老师做了许多资料整理、案例校对等工作,付出了辛勤的汗水.作为特约审稿人,华东师范大学田万海教授对本书提出了许多宝贵的建议,并提供了珍贵的科研资料,使本书增色添辉.

诚恳地欢迎各方人士对本书提出宝贵意见,我的电子邮箱是 bswfc@sina. com.

王凤春

2013 年 6 月

图书在版编目(CIP)数据

中学数学教育科研/王凤春编著. —上海:华东师范大学
出版社,2013.6
ISBN 978－7－5675－0933－7

Ⅰ.①中…　Ⅱ.①王…　Ⅲ.①中学数学课－教学研究
Ⅳ.①G633.602

中国版本图书馆 CIP 数据核字(2013)第 140886 号

中学数学教育科研

撰　　著　王凤春
策划编辑　李文革
审读编辑　李文革
封面设计　黄惠敏

出版发行　华东师范大学出版社
社　　址　上海市中山北路 3663 号　邮编 200062
网　　址　www.ecnupress.com.cn
电　　话　021－60821666　行政传真 021－62572105
客服电话　021－62865537　门市(邮购)电话 021－62869887
地　　址　上海市中山北路 3663 号华东师范大学校内先锋路口
网　　店　http://hdsdcbs.tmall.com

印 刷 者　上海商务联西印刷有限公司
开　　本　700×1000　16 开
印　　张　13.75
字　　数　211 千字
版　　次　2013 年 7 月第一版
印　　次　2013 年 7 月第一次
书　　号　ISBN 978－7－5675－0933－7/G·6648
定　　价　28.00 元

出 版 人　朱杰人